聽古物在說話

在說話

古物

郭伯南／主編

從飲食、娛樂到禮俗文化，
原來古代生活好愜意！

序

　　小孫女阿倩是個肯動腦筋的孩子，剛幾歲，就像裝著本《十萬個為什麼》，好刨個根，問個底，問天問地，沒完沒了，這點挺像我。小時候上課時，我有一次左一個「為什麼」，右一個「為什麼」，問個沒完，問得老師也答不上個所以然。我被呵斥了一頓，還被罰站。可我不明白我哪裡錯了。

　　大學時，讀哲學、政治、文學、歷史等，疑問越來越多，看法也越來越多，就隨手記在書上。沒想到，「浩劫」的歲月，書上那種種「疑問」、「看法」，被人抄去，說成是大逆不道，批來鬥去，幾乎給我帶來滅頂之災。我仍不明白我究竟哪裡錯了。

　　歷經磨難，兩鬢如雪，我仍頑固不化，不思悔改，總認為自己的腦袋要長在自己的脖子上，凡事要獨立思考，窮原竟委，弄個明白。真是「山河易改，秉性難移」啊！

　　想一想，自古以來，人類在童年時代，面對蒼茫大地，日月升沉，電閃雷鳴，生生死死，不也像我的小阿倩一樣，總有問不完的「為什麼」嗎？人類與其他動物的區別，最主要的一點不就是頭腦發達，善於思考嗎？人類的文明，不就是在不斷提出「為什麼」、回答「為什麼」的過程中發展的嗎？不然，人類又怎能主宰地球，飛往宇宙呢！

　　我在《人民中國》雜誌時，分工報導「中華文化」。有次開了上百個文化選題，多是司空見慣、似曾相識的，可若刨根

聽古物在說話：

從飲食、娛樂到禮俗文化，原來古代生活好愜意！

問底，又多知其然而不知其所以然。比如：

生肖，人人有一個，少有人不知自己的屬相。生肖是怎麼來的？是從天竺國輸入的，是從古巴比倫輸入的，還是中華文明固有的呢？這就令人摸不著頭腦了。

豆腐，是世界上人工最早提煉出的植物蛋白，是了不起的發明，在中華飲食史上功著千秋。豆腐是誰發明的？什麼時候發明的？怎麼發明的？意見紛紜，莫衷一是，不知讓多少學者傷透腦筋。

名片，風行全世界。名片是怎麼來的？有人說那是「洋玩意兒」，也有的說是「從日本進口的」。名片究竟是「國粹」，還是「舶來品」？

雨傘，可開可合，使用方便，是個了不起的發明。西方人說傘是中國人發明的。東方人說古埃及人就用傘，比中國早得多呢！ 那麼，傘究竟是誰發明的，也成了世界文化之謎！

座右銘，有誰不知道呢，可它的起根發源，又有誰真的知道呢？考古學家聲稱最古老的座右銘是原始人汲水用的尖底瓶。聽起來真新鮮，究竟對不對呢？

生魚片，一說起來，誰都說那是日本的「國味」。凡到過日本的都知道，東道主總是一次又一次請客人去吃那「刺身」，就像中國招待貴賓總得吃烤鴨。可若說早在 3000 年前生魚片也是中國的「國味」，風流天子唐明皇就是位擅長切生魚片的高手，人稱「斫膾皇帝」，你信嗎？

又比如，人們日常用的書信、搽的胭脂、穿的木屐、放的風箏等，哪個不是一看就懂，假若深究，又感到自己一知半解，似懂非懂呢！

這些「中華文化之謎」，要一一說清楚，不那麼容易，或資料奇缺，無從談起，或歧說不一，莫衷一是。我們就設了個專欄，取了個名字叫「中國文化探源」，一個「探」字，包含了「探討」的態度、「探險」的精神，就這樣走進中華文化的迷宮，開始了探險活動。儘管困難重重，還是從 1986—1991 年連續刊載了五年。每出一期，我們都「戰戰兢兢，如履薄冰」，生怕不知什麼地方弄出笑話來！

　　幸好，幾度春秋過去，沒出什麼紕漏，也沒遇到什麼非難，卻得到了廣大讀者、朋友的支持和鼓勵，一封封熱情的來信，給了我們巨大的鼓舞。不少專家學者，或提選題，或賜文稿，給予了真誠的幫助。更令人高興的是，國內外的幾十家報刊關注著我們的欄目，幾乎篇篇都被人拿去轉載，廣為傳播。這是事前不曾料到的。

　　刊出兩年多的時候，1989 年，日本東京美術出版社就予集結出版，推出日文版《中国文化のルーーツ》，即《中国文化的根》。1991 年，上海三聯書店推出中文版《華夏風物探源》。2007 年 7 月，由香港三聯書店出版，篇目有所調整，書名也改題為「飯後茶餘談文化」，同年 9 月，湖南岳麓書社也出版發行。2023 年，推出中文彩色插畫版的《古物中的生活新知》，由現代出版社出版。

　　「中華文化探源」是項巨大的「文化工程」，若要將博大精深的中華文化的來龍去脈一項項理出個頭緒，不知得要多少代人的努力才能完成。我深信這一「文化工程」會像奧運的聖火，世代薪傳，發揚光大，終將會為全球文明增添一個令人矚目的新亮點。

　　這本書的主要作者有：文化史家莫容、民俗學家丘桓興、學者郭淨與筆者等。編撰過程中，我們不僅從古代典籍、先哲先賢那裡獲得了豐富的

聽古物在說話：
從飲食、娛樂到禮俗文化，原來古代生活好愜意！

史料和深刻的教益，也從當代諸多專家、學者的著述中得到指導和啟迪，獲得了新知，借用了資料。本書為通俗讀物，未能一一開列出處，深表歉意，懇請鑒諒！

最後，我在這裡，向為本書得以成書並與讀者見面而付出了勞動與心血的女士們、先生們表示真誠的謝意！

郭伯南

古人的日用・精緻

古人的飲食・清歡

古人的文化・風雅

古人的娛樂・潮玩

計時

曆法，在中國有著悠久的歷史，但曆法的起源，卻歷來是個神祕莫測的問題。然而，少數民族中曆法「活化石」的存在，卻為解開這千古之謎提供了鑰匙。

中國古代有太陽神嗎？

相傳，上古時代，中國有一個強大的部落。他們的首領被尊稱為「太昊」，意為太陽神。後有繼任首領，又被稱為「少昊」，即小太陽神。這個部落棲息在泰山周圍地域，東到黃海之濱。又相傳，帝堯時，天官羲仲被派往近海的東方，專司祭祀日出，以定春種之期。說來也巧，就在山東瀕臨黃海的地方，發現了頗為值得研究的類似遺跡，出土了一些用於祭祀的大口陶尊，距今已有四五千年。

這種陶尊上，分別刻有天文圖像。其中有一種是由三部分構成的：上為旭日，下為群山，中間的刻畫似火似雲，不甚分明。刻畫極其工整，還塗有朱紅。看到這幅圖像，會令人聯想到泰山觀日出的情景。古文字學家多釋此圖像為描繪日出於大地的「旦」字。

陶尊上，如何繪此圖像呢？這或許就是一種崇拜太陽的遺跡吧？曾經有這樣一個故事。

遠在很古很古的時代，天和地剛剛分開，世上一片混沌。月亮出來了，才衝破了黑暗。月亮孤零零的，太寂寞了，她就請來了星星。星星一來，銀光閃閃，

渾儀

太空就熱鬧起來了。可是，大地上還只有冷冰冰的沙子和石頭，死氣沉沉。月亮就去請太陽，太陽一出來，紅彤彤，暖融融，草木長了出來，發芽伸枝，蟲魚鳥獸也先後來世上馳騁遨遊。整個世界變得朝氣勃勃，一派生機。最後，人才來到世上，育兒女，種莊稼。你看直到現在人和萬物誰也離不開太陽呢！

這個故事，是 1976 年考古學家邵望平、天文學家盧央去雲南省進行天文學起源調查時，一位哈尼族老人講述的。故事以擬人的文學

《帝王道統萬年圖冊・少昊》【明】仇英 繪

手法，生動地歌頌了普照萬物的太陽的神奇功力。這不恰好揭示了原始社會先民崇拜太陽的道理所在嗎？

崇日，是否純屬一種迷信呢？不是的。正如古代化學曾披著煉丹術的外衣出現一樣，古代的天文曆法也是籠罩著神祕外衣出現的。我們下面就是要剝掉這層外衣，探究一下天文曆法究竟是從哪裡來的。

最早的曆法是如何產生的？

太陽一出一沒為一「日」，這是天文曆法中最早的計時單位。這一觀念大概早在舊石器時代就有了。所以人們相傳，上古時候，「日出而作，日入而息」。曆法中年、月等基本概念的發生，則大約是原始社會晚期的事情了。因為這時農牧業經濟已經產生。

我們知道，「年」的概念，在經營原始農業的民族中，總是指莊稼的生長週期。臺灣地區的古老居民高山族，過去，他們的「年」的含義就是指粟的收穫，這次收穫到下次收穫期為一年。3000 多年前，商代

「年」的含義也是這樣。商人的「年」字寫作一個「人」背負一「禾」，寓禾稼已成熟收割之意。在牧區，「年」的概念則與牧草的生長聯繫著。「離離原上草，一歲一枯榮。」草的一枯一榮，是牧業生產的一個週期。古代以遊牧為生的宕昌羌人和轕鞐人，就都是以草的榮枯計歲時的。若問其年齡幾何，則回答說：「我見過幾次青草發芽了」，或直接就說：「我

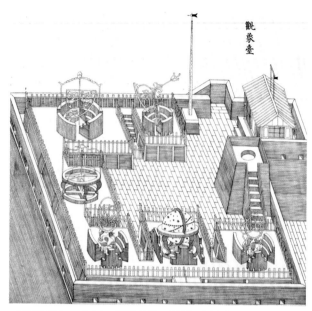

《新制靈台儀象圖・觀象臺》【清】南懷仁

幾草了。」在漁獵民族中，「年」的概念則與其主要的捕獵對象的活動規律聯繫著。祖居中國烏蘇里江的赫哲族人，一直保留著一種古老的遺俗，每捕一次鮭魚（大馬哈魚），則掛起一個魚頭，用以記歲。若他們有人對某事的年月記憶不清時，同族人責怪他時則說：「你連吃過幾次鮭魚都忘了嗎？」

顯然，這些「年」的初始概念都同動植物的活動、生長週期聯繫著，也即同人們的主要生產活動的週期聯繫著。這種週期其實就是地球繞日公轉週期的反映。

農牧業生產，在週期性的活動中，又呈現出不同的階段性，比如「月」的劃分，起初也只是一年中的一些生產階段。中國雲南省、四川省的傈僳族，在他們過去的曆法中，1 年並不是 12 個月，而是 10 個季節月，即開

花月、鳥叫月、燒山火月、饑餓月、採集月、收穫月、酒醉月、狩獵月、過年月、蓋房月。

各月的日數長短不一，並無定規。若今年糧食歉收，那麼來年的饑餓月就開始得早些。這種季節月，原來並不是依據月相規定的，而是根據物候、生產、生活的規律逐漸形成的。這種季節月，往往都形成了口頭文學式的生產調，世代口傳心授，用以指導農業生產。哈尼族的季節月生產調有多種，內容十分豐富。如「若拉月來到了，竹子節節高了，竹葉出蓬了，小夥子不能再上山玩了，不能再串姑娘了。穀子抽穗了。農事大忙了……」這種生產調，實際已經成為一種物候曆，一經用文字寫定，則是早期成文的曆法。中國的一些古曆，名叫「月令」，就是這樣形成的。

古人是如何發現閏月的？

傈僳族把 1 年分為 10 個季節月的曆法，是原始曆法的早期形態之一。此外，還有一種以月相變化為依據的太陰月。月圓為 1 月，或新月初升為 1 月。比如高山族過去的曆法有的就是這樣。每當收穫之後，再逢月亮圓時，便過新年了。在他們那裡，年無定月，月無定日，歲首也無定期。這也是極其粗略的曆法。本來，在原始曆法中以物候為特徵的太陽年和以月相為依據的太陰年，沒有恰當的倍數關係，兩者每年相差 11 天多。但因其曆法觀念極其模糊，沒有細緻的觀察和計算，所以，他們沒有覺察到這種矛盾的存在。

隨著生產的發展、人們計數能力的提高，以及觀察的不斷深入，這種矛盾就會被發現。某年 1 月恰好月圓時，桃花盛開，魚兒上水了。今年又到了 1 月，月亮也圓了，桃花怎麼遲遲不開，魚兒也不上水呢？物候的週期怎麼同月亮的 12 次圓缺不相一致呢？那麼春播期又該怎麼確定呢？生產實踐中提出了問題，要求人們必須去予以解決。

雲南省西盟山一位佤族老人講，在他年輕的時候，佤族中的一些古老

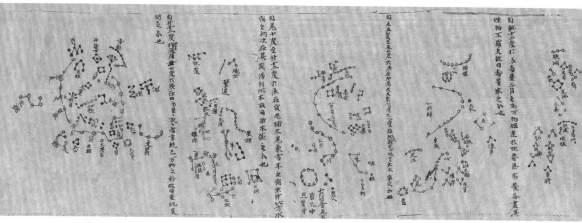

《敦煌星圖》（甲本） 這是中國最古老的星象圖

風俗還很盛行。每到二月快該播種時，翁戛科寨子的頭人就到河邊上看魚兒是否上水，野蜂是否已經飛來。如果魚兒沒上水，野蜂肯定也不會來，頭人回到村寨就宣布，當年要再過一次「二月」。岳宋寨子的頭人在「莫」月（佤族四月）過後則去看桃花，如果桃花尚未放苞，人們就以為這年很奇怪，頭人就宣布今年再過一個「怪月」。

臺灣蘭嶼的達悟人，每捕完一次飛魚即過新年，1 年 12 個月，新月初升為月首。第 12 月為「石落月」，意思是在本月內要像石頭落地一樣結束捕獲飛魚的作業。然而，有時「石落月」已過，飛魚還源源而來，他們就再加一個「泛舟之月」。

我們可以看到，生產實踐提出來的問題，又在實踐中予以解決了。增置「怪月」或「泛舟之月」，大概是原始曆法中置閏的初始辦法了。它的出現，標誌著原始曆法中的陰陽合曆在生產實踐的推動下，已具雛形。

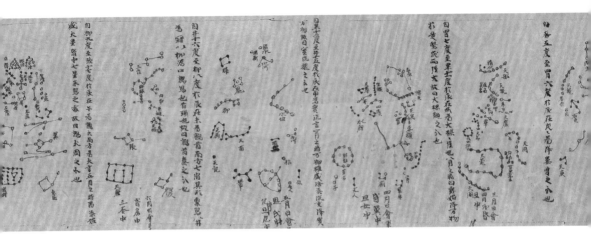

古人如何觀星定時？

我們談到的傈僳曆、佤族曆以及高山族達悟人的曆法，雖然各有特色，但概括地說，都是以觀測物候定農時的，是一種物候曆。原始的物候曆也是有缺陷的，請聽基諾族布魯些老人的一段敘述吧！

我們基諾人是從什麼時候種旱穀的，誰也說不上了。如何播種和怎樣確定節令的方法，也都是老一輩傳下來的。節氣快到了，老人們就說：「去看看苦筍吧，苦筍長到一鋤把高，就該撒種了。」可是，誰又知道，苦筍常因雨水、土質、氣溫不同，長勢不定，根據苦筍播種，多數年頭都有收成，但有時未成熟，人就挨餓了。後來，人們發現天上的星星比苦筍報信準。天上有三顆較亮的星星，一順兒排著，就像婦女繞線的拐子，我們叫它大拐子星；還有三顆小一些的星星，離得很近，頂著大拐子星，我們叫它小拐子星；在稍遠的一頭還有一窩星，我們叫它雞窩星。每年播種季節，太陽落山不久，它們就在西邊天上亮了，離地有三人高（約 45 度），過

不大一會兒，它們也就跟著太陽落了下去。在這時候撒旱穀，就會收成好。後來，我們撒種時就看星星了。

布魯些老人這番話使我們知道，西雙版納的基諾人是用偕日沒的方法觀察參、昂等星宿的方位來定農時的。這在曆法發展史上是一個巨大的進步，由以物候定農時過渡到觀測星象定農時，從此使觀象授時進入了一個新階段，開拓了天文學研究的廣闊領域。

古人如何觀日定時？

雲南省瀾滄縣的木戛鄉，流傳著這樣一個古老的故事。

太陽神是很勤勞的，每天都要出來在天上從東到西走一遭，看看人間萬物。冬天冷了，它就騎著馬兒跑。馬兒聰明，專找近路走，跑得一天比一天快，到最快的時候從木戛東南邊的路迪寨子上來，從西南邊的那帕寨子背後就回去了。天熱了，太陽就改騎豬，豬走得慢，而且挺笨，盡走遠路，走得最慢的時候，是從木戛東北方向的克到寨子上來，到西北方向的

《日月合璧五星連珠圖》（局部）【清】徐揚 繪

哈胡寨子才回去。後來，就又換成騎馬，當太陽再從東南方的路迪寨子上來時，就是一年了。

　　這個太陽出巡的故事，採取了比擬的手法，披上了神話的外衣，只要透過這些現象，就可以清楚地看到故事所描述的正是當地太陽的視運動規律。故事中講到的木戛鄉東南、西南、東北、西北四個寨子，大致上就是在木戛鄉見到的冬至、夏至時太陽出沒的地平方位。雖然在這個故事創作、流傳的年代，當地拉祜人還沒有形成冬至、夏至的科學概念，因而也沒有太陽回歸年的概念，但故事表明這些都已在孕育之中了。

　　據說，哈尼族過去有人曾以木棍測日影。那是一根被刻了許多刀痕的木棍，它被置於屋中一個太陽光可以經常照到的地方。根據太陽初照時的不同情況來判斷一年中季節的更替，可能還以棍影在地面上的移動和變化，測知一日的時辰。

　　這位哈尼族人大概並不曾意識到他在創造一件天文儀器，那根木棍顯然已兼有圭表和日晷兩種儀器的作用了。當然，我們還不能稱其為真正的

高臺之上，是清朝欽天監觀象臺，官員們正在利用觀天、測天儀器觀測天象

圭表，可是，追溯一下歷史，圭表不就是從一根木棍發展而來的嗎？

中國天文學歷史上，圭表的發明標誌著最早的太陽曆的形成。《尚書‧堯典》說：「期三百有六旬有六日，以閏月定四時成歲。」這是中國太陽曆已正式形成的最早記錄。早到何時？《尚書》成書雖晚，但此事，我們認為那是發生在中國文明時代之初。自此，中國天文曆法學完成了孕育、萌芽的階段，進入了發展時期。

縱觀中國天文曆法起源的過程，可以肯定地說，它既不是從天上掉下來的，也不是人類頭腦中固有的。它同其他一切科學一樣，植根於生產實踐之中，同社會經濟的發展密切相關。它們一經被認識，就又成為巨大的生產力，成為社會經濟發展的先導！中國青銅時代的高度文明不就是證明嗎？

枕

枕，乃生活用品，算得上「文化」嗎？枕，往昔少有被視為「文化」的機緣；甚至近世的服飾專著，也大多講衣冠，不予枕一席之地。三國吳人張紘則比較公允，曾作《枕箴》，將枕與冠相提並論，提出「冠御於晝，枕式於昏」，皆為「元首」（頭）所用，只是晝夜有差罷了。古禮規定，新的鞋也不准放在枕上。因為，鞋卑枕尊，不能以卑犯尊。由此可見枕在古人心目中的地位了。枕在漫長的歲月中，與民俗、文學、藝術、醫藥學等結下了不解之緣。若細論起來，內容相當豐富，稱之為「枕文化」並不為過。

最早出現的枕是角枕？

欲說「枕」，還得先說說它的起源。

李白有兩句詩：「醉來臥空山，天地即衾枕。」詩人自稱這詩句是寫的醉態。讀來深感詩人心胸豁達。現在我們從枕史的角度來看，在茹毛飲血的時代，先民也可能曾與詩人一樣，以蒼天為衾、大地為枕吧！確切地說，最初曾有無枕的時代。

青銅角枕

賈島也有兩句詩：「井底泉通竹下池」，「床頭枕是溪邊石」。這詩講的是有枕的時代。從枕的起源來看，先民大概也曾和詩人賈島一樣，以天然河卵石為枕。若此，這當是最古老的枕頭，即石枕。歐洲考古曾發現19萬年以前的石枕，是在法國的莫斯特發現的，發現時枕在一具尼安德塔人遺骸的頭骨下，是塊燧石。這是已知的世上最早的石枕。

中國先民歷來也有枕石之風。但據文獻記載，最古老的枕頭卻是「角枕」。《詩經·葛生》有句曰：「角枕粲兮，錦衾爛兮。」這是寫一位相思之婦，看到丈夫的枕衾粲爛若新，而人不見歸的情景。《周禮·玉府》記載：「大喪……復衣裳、角枕。」即國王死後，將其上衣蓋在屍體上，再枕以角枕，以之招魂。這裡提及生前死後都用角枕，是值得注意的。

角枕是怎麼起源的？如前所述，石枕起源於枕石，角枕自然起源於枕角。所枕為牛角、鹿角。考古曾發現有青銅鑄成的牛角形物，

《雙鹿圖》【清】沈銓 繪

時代為西周，但難以確定是否即為一種角枕。可以確知的青銅角枕，是西漢時代的，出土於雲南江川李家山的古墓中，屬於滇文化。那角枕兩頭翹起，枕的兩頭各立一雄健的黃牛，那牛角被誇大而突出了，顯得十分威猛。鹿角枕考古未見，但古籍中有所記載。明代陳仁錫輯《潛確類書》中載有「四皓鹿角枕」。「四皓」，也稱「商山四皓」，是漢初的四位德高望重的長者。

先民為何要枕角呢？許慎在《說文解字》中認為，「枕，臥為所薦首者也」。薦，即墊。然而，可薦首之物甚多，為何唯獨要用角呢？這同先民的角崇拜有關。我原以為角生於獸頭，其勢威猛，甚為可懼；可是，死獸之角，又有何可懼呢？1986年，我從四川，購得牛角號一隻。當回京到家，我家那烏雲蓋雪的小貓咪如見虎狼，渾身顫抖，尾毛奓起，嚎叫之聲甚為淒厲，惶悲之狀，實難言表。我不得不將那牛角號藏起。由是令人聯想到漁獵時代的先民，若以牛角、鹿角護身，睡時枕在頭下，可防範一般禽獸的侵擾，想必角崇拜的觀念即由是而生的吧！

民族學的材料揭示，幾十年前仍過著狩獵生活的鄂倫春人，埋葬死者後，即在其墓頂放上成對的鹿角。這也許是生者送給死者的護身符吧。

無獨有偶，考古學已然揭示：2000多年前，楚人也有為死者隨葬鹿角的風俗。有的用真鹿角，有的用青銅鑄成生有鹿角的異禽怪獸，也有用漆木雕成的鹿角。考古學者稱之為「鎮墓獸」。

角崇拜的風俗，大約起源於人類的童年，或許已有幾十萬年的歷史了。枕角的風俗，想來也相當古老。然而，「角枕」一詞見於文獻記載，卻只有2600多年。

玉鹿

古人為什麼愛睡硬邦邦的枕頭？

角枕，初用真角，後則製為角狀。文學家司馬相如在《美人賦》中曰：「茵褥重陳，角枕橫施。」這表明，西漢時角枕仍在使用。考古發現的河北滿城西漢中山靖王劉勝的枕頭，已是方形，可兩頭還各加有一獸頭，其形為從角枕到方枕過渡型。東漢時，已盛行方枕，也稱「六安枕」，因呈長方體、六面皆可安放而得名。崔駰曾作《六安枕銘》，稱「枕有規矩，恭一其德」。張紘《瑰材枕賦》中也說：「製為方枕，四角正端。」這是枕頭的一大變革，故引起史學家和文學家的注意。

從考古發現看，早在先秦已有方枕問世了。河南信陽楚墓出土的竹木枕，形若几案，兩頭有木製方框為承托，兩框之上用 12 根竹片排成枕面。長 60.8 公分，寬 16.8 公分，高 13.3 公分。這是目前所發現的最早的方枕，距今 2400─2500 年。

秦漢以及六朝製枕，多以木、石為之。

木枕有柏枕、芳松枕、黃楊枕、楠木枕、色棱木枕，以及竹根枕、藤枕等。

石枕，如文石枕、白石枕、桃花石枕、青玉枕、碧玉枕、翡翠枕、水晶枕，以及琥珀枕、玻璃枕、珊瑚枕、石膏枕等。據史料記載：清末慈禧太后入殮時，曾特製一翡翠枕，雕成西瓜之形，名曰翡翠西瓜枕。如此碩大的翡翠，世所罕見，價值連城。

這些材質的枕頭大多硬邦邦的，難道他們睡著不覺

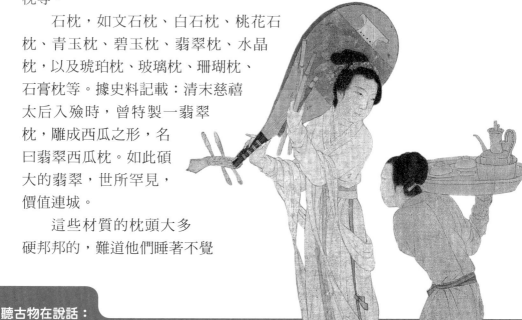

得難受嗎？

　　古人認為睡硬枕可以使人睿智。其實，在戰國時就有「高枕而臥，國必無憂」的記載。而且，古代男女皆束髮，尤其是隋唐五代時的女性，特別喜歡高聳的髮髻，睡覺時依然用釵或簪固定髮髻，睡硬枕能很好地保持頭髮的造型。在硬枕最流行的唐宋，詩詞裡就有描寫女子睡覺翻身時，頭上的簪子與玉石枕頭輕微相碰，發出的清脆聲響：「羅帳四垂紅燭背，玉釵敲著枕函聲。」

　　枕頭還有許多形形色色的名堂，令人生趣。

　　鹽枕。《後漢書》載：「高昌有白鹽，其形如玉，高昌人取以為枕，貢之中國。」

　　夜明枕。《開元天寶遺事》載：「虢國夫人有夜明枕，設於堂中，光明一室，不假燈燭。」

　　重明枕。《杜陽雜編》載：唐元和八年（813年），大軫（秦）國貢重明枕，潔如水晶，中有樓臺人物，栩然若生。這大概是有內畫的玻璃枕。

　　漆畫韋枕。據《魏武上雜物疏》載：「漆畫韋枕兩枚。」為漢獻帝的御用物。韋枕即皮枕。另外，《夢溪筆談》則載：「古法以牛革為矢箙（箭囊），臥則為枕，取其中虛，附地枕之，數里內有人馬聲則皆聞之，蓋虛（中空）能納聲也。」這可謂是皮枕的一種科學妙用。

　　方枕取代了角枕。可是，角枕的神祕性也遺傳給了方枕。這裡略說兩例。一為柏枕。南朝劉義慶《幽冥錄》曰：

焦湖（安徽巢湖）廟祝有柏枕，三十年後折一小孔，縣民湯林，來廟祈福。廟祝令其入枕上孔內。林入枕中，見朱門瓊台，勝於現世，後升高官，得趙太尉之女為妻，育子六人，四男二女⋯⋯林於枕內，永不思歸，忽遭災難，突而逃出。枕內幾十年，而實只俄忽之間也。

這個柏枕的故事，就是後來唐人撰寫《黃粱夢》（又稱《枕中記》）的母本。《黃粱夢》中稱為「囊中枕」，依其母本當為柏枕。古人以為柏有神力，其木有香氣，可辟邪；其柏子為仙人之食，可長生。故自先秦以來，塋墓之地多種柏樹。

　　一為無患枕。晉人卞敬宗有《無患枕贊》，曰：「器物多祥，君子攸宜。」、「長隔災氣，永集靈祉。」簡言之，無患枕乃吉祥之物，長睡此枕，可辟邪得福。

　　無患枕，因用無患木製成而得名。何謂無患木？即今櫨木，亦稱黃櫨，屬漆樹科，葉若卵形，落葉灌木。在北京，深秋之季，西山上紅葉遍布，確有「霜葉紅於二月花」之美，人爭往觀勝。同時，由於受了「停車坐愛楓林晚」詩句的影響，人多以為紅葉是楓葉。其實，西山紅葉，楓葉為次，而以黃櫨為主。櫨葉入秋變得鮮紅，這是一大特色。

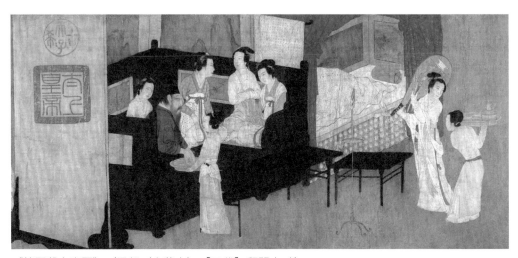

《韓熙載夜宴圖》（局部／宋摹本）【五代】顧閎中 繪
宴會中的床榻上，床帖拉開，被子堆疊，枕頭也放好了，以便累了隨時可以躺下休息

「櫨木」又為什麼稱「無患」？

晉人崔豹《古今注》中有一段注解：

「昔有神巫，曰淫昐，能作符劾百鬼，又以櫨木為棒，得鬼則棒殺之。世人競取此以為器，以厭邪魅。故『櫨木』曰『無患』。」

原來，櫨木枕同神巫的殺鬼棒有關，枕此，自然平安「無患」了！

古人為什麼喜歡睡動物造型的枕頭？

角枕的神祕性，不但遺傳給了某些方枕，也遺傳給了某些肖生枕。

枕的形態，除方的、圓的、角形的、扁形的之外，最為多彩多姿的是肖生枕，形象多富情趣，乃枕中的藝術品。諸如：

鸚鵡枕。《杜陽雜編》記載：唐朝，同昌公主有鸚鵡枕，以七寶盒盛之。公主出嫁時，捧出之。顯然，這是一件珍貴的藝術品。

孩兒枕。唐代始燒製瓷質的孩兒枕，宋代廣泛流行，其中不乏珍品。考古多發現，有的還流落異邦，均堪為國之珍寶。

龍虎枕。唐詩有句曰：「收取頭邊蛟龍枕」，宋詩人梅堯臣有句曰：「虎頭雕枕剔空嵌」，分別提及「蛟龍枕」與「虎頭枕」。景德鎮中國陶瓷博物館收藏的一宋代名枕，形為一龍一虎正在爭鬥，極為生動，名曰影青龍虎鬥圓雕瓷枕。這種既有實用意義又有欣賞價值的藝術瓷枕，尚不多見。

在諸多肖生枕中，流行時間最長、地域最廣的是老虎枕。老虎枕為今日民間的生活用枕，也是民間一種工藝品。

老虎枕起源於何時？

晉人王嘉《拾遺記》曰：三國時，魏宮中有玉虎枕。昔東漢時誅梁冀所得，云單池國所獻。虎胸上有題記，云為「帝辛九年獻」。

帝辛，即殷紂王。依此說，3000年前已有虎枕了。但此說乃宋人編造，

北宋定窯嬰兒枕

並云紂與妲己曾共枕此枕等，實不足憑信。但是，若說魏晉時已有虎枕，那就證據確鑿了。試想：作者若不曾見過虎枕，怎能編出這段傳說來？

比較可信的說法，是宋人趙令畤《侯鯖錄》的記載：「李廣兄弟射於宜人之北，見臥虎焉，射之，一矢即斃，斷其虎頭為枕，示服猛也。」又云：「鑄銅象其形，為溲器，謂之虎子，示厭辱之。」

依此說，自李廣始，方以虎頭為枕，鑄虎形溲器。考古已發現有戰國的、漢代的青銅虎子。同時，此說最早見於《西京雜記》。該書所記西漢事不盡子虛。李廣為漢代虎將，生年不詳，卒於西元前 119 年。看來，中國為父母者多喜讓孩子睡虎枕，希望孩子虎虎有生氣的風俗，至少有史 2100 多年了。

其實，虎枕的作用，並不僅為示猛，還在於辟邪。《論衡》記有一則神話。

東海中有度朔山，山上有桃樹，其枝葉所覆三千里，為眾鬼所歸之處。有兩神人，名神荼、鬱壘，看守眾鬼。若有為惡者，則用葦索捆之，讓老虎吃掉。

　　所以，漢代人畫門神，門神旁畫有猛虎。大概是這神話的緣故，做父母的才為小兒穿上虎頭鞋，戴上虎頭帽，令其睡在虎枕上，那小兒不但形象威猛，且鬼不敢犯，得保平安。

　　與老虎枕類似的還有許多肖生辟邪枕。

　　據《舊唐書・五行志》載：唐中宗的皇后韋后有個妹妹，稱「七妹」。她頗信肖生枕之神效，製有「豹頭枕」「白澤（一種神獸）枕」、「伏熊枕」等。據說，豹頭枕可以辟邪；白澤枕可以辟魅；枕伏熊枕，多生男孩兒。這是古代的風俗。其實古人也不盡相信，有識之士，稱之為「服妖」，不以為是。

　　大約在元代，繡花枕興起，肖生枕的形象則衍變成繡枕兩頭的吉祥圖案。如今枕上也多繡花，人們所追求的已經是藝術美，其原始的神祕性早已悄然而逝。

孫思邈靠藥枕活到 142 歲？

　　據記載，唐代著名醫學家、藥學家孫思邈活到了 142 歲，就是因為他自己有一個藥枕。所謂藥枕，就是把中藥放進枕頭裡，透過中藥獨有的芳香氣味，達到「聞香祛病」的效果。孫思邈在《千金要方》中記載：「治頭項不得四顧方，蒸好大豆一斗，令色變，內囊中枕之。」

　　藥枕，可醫治眼疾、頭痛、感冒、高血壓、風濕病、老年慢性氣管炎，以及神經衰弱、失眠、多夢等。因之，其品類很多。諸如：

　　菊花枕。南宋詩人林亦之自述說，自己閉門讀書二十年，

唐三彩獅子枕

弄得老眼昏花，秉燭夜讀時竟連蟲、魚等字也分不清了。後經睡菊花枕，居然返老還童，又能讀蠅頭小字了。因此，他作有《菊花枕子歌》，有句曰：「故人所說菊花枕，似把冰丸月下飲。秋水一雙明炯炯，數在青囊第一品。」同時代詩人陸遊，也於秋採菊，縫枕，並為之詠詩，流傳頗廣。菊枕之外，還有以蕎皮、蠶沙、茶葉、決明子等為枕的，皆取其性涼，清腦而明目。

豆枕。唐代詩僧齊己《豆枕詩》有句曰：「豆枕依涼冷，蓮峰入夢魂。」據《本草綱目》講，「煮豆枕之」，可治「日夜不眠」。怪不得那位詩僧說，枕了豆枕，自己上了蓮峰，成了佛，再也不失眠了。豆枕，多用綠豆，其性涼。亦有用赤豆、黑豆，也有以米為枕的。其藥效則不盡相同。

麝枕。麝香有通絡、開竅的功能。相傳，枕內放入麝香，可令人安神，不做噩夢。可是，詩人陸遊卻懷疑此說，有詩句曰：「麝枕何曾解夢惡，玉壺空解貯啼紅。」

《端陽故事圖冊·採藥草》【清】徐揚 繪

相傳，還有一種枕，能令人做美夢，飄飄欲仙，故名「遊仙枕」。《開元天寶遺事》載：「龜茲國進一枕，色如瑪瑙，溫潤如玉，枕之則十洲之島、四海五湖盡在夢中。」此種遊仙枕如何製得，未詳其理。當代詩人流沙河，有詩詠《藥枕》，即說：「醫我失眠，載我遠遊，你是翩翩不系的木蘭舟。贈給屈原一艘、杜甫一艘，請前賢伴我航太去，漂向月球。」詩人將那藥枕喻為航太

的木蘭舟，還要乘舟去月宮，訪問嫦娥呢！這或許可以作為那「遊仙枕」的一個注腳吧！

磁石枕。唐人著《雲仙雜記》載：「益眼者無如磁石。以為盆、枕，可老而不昏。寧王宮中多用之。」寧王，乃唐玄宗之兄。明人著《遵生八箋》載：將磁石安枕上，枕之，可「明目益晴，至老可讀細書」。古人不但早就認識了磁石針指南的特性，也發現人的肌體與磁的關係。

琥珀枕。琥珀枕的歷史較早。西漢時，「趙飛燕為皇后，其女弟在昭陽殿」，曾「遺飛燕琥珀枕」。時稱「虎魄」，不知是否已知其藥性。南朝初，寧州有人向宋武帝劉裕獻琥珀枕，光澤甚麗。當時正興師北伐，因之，劉裕大悅，命將枕搗碎，分給諸將，以治金瘡。

古人在枕內儲藏止血藥物，不限於琥珀，也有的以荊芥、香蒲充枕，一旦有傷抓出即用。枕頭成了備急藥箱。

藥枕始於何時？

南朝梁元帝談及藥枕起源時說：「泰山之藥，既使延齡；長生之枕，能令益壽。」這裡說的是泰山父枕。典出葛洪《神仙傳》，文曰：「泰山父者，時漢武帝東巡，見父鋤於道，頭上白光高數尺。呼問之，對曰：有道士教臣作神枕……臣行之，轉少，齒生。」泰山父者，即鋤於泰山之下的老頭兒。其所說為「神枕」，能令人延年益壽。梁人指出，其枕中有「泰山之藥」。泰山父枕，實為「泰山藥枕」。

若依此說，藥枕始於泰山父。然而，此係神話，並非史實。

藥枕，大概起源於古人的枕香草風俗。

南宋范浚有詩曰「獨夜不眠香草枕」，南宋楊萬里也有句曰「荼蘼為枕睡為香」。北宋晁次膺有詞詠荼蘼花：「風不定，雨初晴，曉來苔上拾殘英。連教貯向鴛鴦枕，猶有餘香入夢清。」荼蘼花，一名獨步春，也稱佛見笑。二三月開花，大朵千瓣，雪白清香。春時折入書冊，至冬取出，猶有餘香。

這種枕草風俗由來已久。枕草猶如枕石，自古有之，《左傳》載：古人居喪，則「居依草廬，睡苫枕草」，以艱苦度日，表示哀悼。其實，這是原始生活的一種回歸，也是人類童年長期枕草的遺風。

草有香臭，枕之，自然選擇氣味芬芳的。從而，形成了古人枕香草的風俗。依文獻考證，枕香草至晚在西漢時已流行。司馬相如作《長門賦》，即有句曰：「搏芬若以為枕兮，席荃蘭而茝香。」這裡的「若」，即「杜若」，別稱「竹葉蓮」，即為一種香氣濃郁的藥草，它可以治療蠱蛇咬傷。枕此，既可聞香，又備下了藥物。

有趣的是，藥枕的起源，無論是神話傳說，還是文獻考證，均始自漢武帝時代，至今有 2100 餘年了。更有趣的是，考古卻發現了比神話傳說還古老的藥枕。那是 1972 年在長沙馬王堆一號漢墓中出土的。

藥枕出於棺室的北邊箱，作長方形，長 45 公分，寬 10.5 公分，高 12公分。枕的上下兩面用的是香色絹，兩側用的是茱萸紋錦。枕因在地下埋藏 2000 多年，有些部位已經糟朽開裂，填枕物露出。填枕物為佩蘭。佩蘭為菊科植物蘭草的莖葉，性平、味辛，具有解暑化濕功能。佩蘭全草含揮發油，葉含香豆精、香豆酸、麝香草等成分。這種香草枕當是用來以香辟穢的。這或許可以作為藥枕起源於枕香草古風的一例佐證吧！

枕，除藥枕聞香治病外，還有不加藥物的種種健身枕，即醫枕。如靠枕、穴枕、抱枕、竹夫人、涼枕以及診脈所用的脈枕。

靠枕。靠枕也稱「依枕」。依枕是一種軟枕。白居易有詩句曰：「一團香絮枕，倚坐穩於人。」先秦兩漢南北朝，席地而坐，多用憑几，以為依靠。大約從

馬王堆漢墓出土藥枕

唐代起，有了靠枕。宋史中記載，在金人擄去的物品中，即有「紅紵絲靠枕一」。它在沙發流行的今日，仍到處可見。您若遊覽北京故宮的殿堂，則仍可見到古代帝后所用的碩大的黃綾靠枕。

穴枕。也稱「引枕」。其特點是枕上開有一穴，大可容耳，以便側枕時，耳朵不受壓擠。唐玄宗有句曰：「穴枕通靈氣。」通什麼靈氣，不得而知。今日民間為幼兒製的布枕上，也有開「亞」字形孔穴者，其用途是有利於兒童耳朵的正常發育。

抱枕。名雖曰枕，實則不以頭枕，而是睡時抱在懷中。其長從胸至膝，約 90 公分。內充以木棉、棉絮、海綿等。中國南方老幼多有抱枕而眠的習慣。它有利於小兒肢體的發育，以及治療老年人的「睡僵」、「五十肩」等肢體關節病症。

竹夫人。是夏季用的一種抱枕，是用竹編的空心長枕。唐人陸龜蒙有詩，稱其為「竹夾膝」。宋代詩人則稱之為「竹夫人」，也被叫作「竹几」或「青奴」。蘇軾有詩道：「聞道床頭惟竹几，夫人原不解卿卿。」黃庭堅則道：「我無紅袖堪娛夜，正要青奴一味涼。」

這種抱枕始於何時？未見確載。宋人張耒曾作《竹夫人傳》，托稱元狩年間（前122—前117年）漢武帝避於甘泉宮，即有了竹夫人。該傳乃文學作品。記此，以

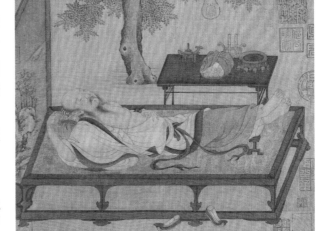

《槐蔭消夏圖》【宋】佚名 繪
畫中那位正在甜睡的文人，腦後枕著一個枕凳，雙腳搭在一個細長的「懶架」上，好不愜意

備一說。

涼枕。酷暑難眠，人多睡涼枕。涼枕有竹製的、漆製的、藤製的，還有瓷製的。此類枕具生活中常見，無須贅述。

值得一提的是有一種瓷枕，上開有口，夏日可注入冷水，其枕冰涼；冬日也可以注入熱水，其枕熱烘烘。民間多有，稱之冷暖枕。類似「湯婆子」的作用。湯婆子是一種瓷的暖水袋，也可放涼水，具有醫用價值。

脈枕。中醫切脈診病，已有幾千年歷史。據說黃帝即令俞跗、岐伯等研究診脈之理。西晉時，中國第一部脈學專著《脈經》已問世。相傳，「脈枕」比「脈經」還早，漢代醫聖張仲景診脈即用脈枕。然而，古代脈枕卻少有傳世的。令人欣然的是，醫學上的缺憾為考古與文物界的成就彌補了。現已發現三方唐代脈枕。

一為三彩枕，長方形（長 11.5 公分，寬 9.5 公分，厚 5 公分），兩側飾柿蒂紋，施白、綠、紫三彩，陝西洛川出土。

二為水晶枕，略呈梯形（上寬 14 公分，下寬 11 公分，側邊長 10 公分，厚 6 公分）。扶風縣法門寺佛塔地宮出土。據載為唐僖宗禮佛之物。

三為青瓷枕，長沙窯燒製，長方形（長 15 公分，厚 8.5 公分，寬 10 公分）。這是河北省文物商店收藏的一個唐代脈枕。瓷枕可能是位醫生用的，枕面書有某宅院劉玉的妻子生一男孩，身上有毛。這個記有唐代毛孩兒的脈枕，成為脈枕研究的一段佳話。（《中國文物報》1991 年 9 月 1 日報導）

這幾方脈枕的問世，表明中醫診脈用枕至少有一千幾百年的歷史了。

沒有鬧鐘，古人如何準時起床？

何謂「警枕」？請讀讀下邊的一些故事。

相傳，宋代史學家司馬光著《資治通鑑》時，天天秉燭到深夜，凌晨又伏案提筆，十九年如一日。他怕因困乏睡過了頭，就睡在一個光滑的圓木枕上，只要一翻身，頭便落枕，即被驚醒，繼續伏案，故名曰「警枕」。

同代人富弼，年輕時在故鄉洛陽天宮寺內讀書，亦勤苦奮勉，夜用圓枕，以求自警。後為宋代著名宰輔。

警枕，宋人多用之，然而，卻不自宋代始。

五代時，吳越王錢鏐勤於軍政，未嘗一日安寢，即以圓木為枕，時名之曰「折中不睡龍」。折中，即不偏不倚；不睡龍，即龍（指吳越王）不得安然熟睡。

「警枕」一詞也不自五代始，早在東漢，學者蔡邕即曾作《警枕銘》，文曰：

應龍蟠蟄，潛德保靈。
制器象物，示其有形。
哲人降鑒，居安慮傾。

這裡的警枕，不是圓的，而是蟠蟄的應龍之形，應龍為有翼的神龍。它的神力能遨遊九天之上，可蟠踞蟄伏，一動不動，意在不顯露自己的神異之德，而暗暗地保存自身的靈性。這警枕是以物象形，以形示警，告誡世人，居安思危，臨高慮傾。

東漢季世是動亂的年代。士人多隱逸蟄居，以求自保。作者蔡邕雖深諳此理，可是，他自己卻蟠也不成，蟄也不成，終被捲入政治旋渦，為政敵所殺害，留下個孤女蔡文姬，使她受盡人間苦難。

警枕也有自身的演變、發展史。漢代是肖形的，發揮座右銘的作用。五代至宋，是圓木枕，是實用的。另外，還有一種，似乎也當列入警枕類，它的作用類似今之報時的鬧鐘，名曰「神雞枕」。

《雲仙雜記》載：唐代宣城（今屬安徽）有個妓女，名叫史鳳。她接客視人有差，特別看重的，令住迷香洞，有神雞枕、鎖蓮燈；次者，則只予交紅被、傳香枕。

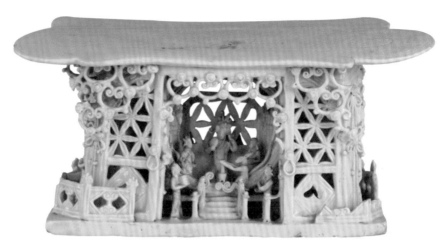

元鏤空廣寒宮影青釉瓷枕

　　那神雞枕有何奇異呢？原書未詳。明人所著《華夷考》中卻有較詳細記述。

　　有名武孟者，得一瓦枕。枕之，聞其中鳴鼓起雷，一更至五更，次第不差，既聞雞三唱而曉。至暮復然。武孟以為鬼物，舉而碎之，見其中機局，以應夜氣。有識者謂為「諸葛行軍枕」。

　　同一傳說，還有另一版本：

　　有漁翁從水中撈得一瓦枕，枕之，每至五更，即聞金雞報曉。有一天，漁船旁停靠了一艘大糧船，糧商晨聞雞鳴，卻不見雞影，便來問漁翁。翁以枕示之。糧商欲借一試，翁予之。果然，五更剛至，即聞枕中雞聲喔喔。糧商以為是件異寶，欲以全船糧食與漁翁交換。漁翁同意了，即將糧船換走。那糧商得了異寶，又試了幾夜，分毫不爽。他很好奇，想知道其中的奧祕，一天，竟將瓦枕打破了。結果，除了幾片瓦礫外，還有一張字條，上寫：

諸葛行軍枕，雍正二年損。

漁翁發了財，糧商蝕了本。

　　這些傳說，當屬民間文學。然而，神雞枕、雞鳴枕以及諸葛行軍枕的種種傳聞，卻反映了古人的科學幻想。這在今日已不難做到，連小小手錶上都附報時設定，那做個裝有錄音的雞鳴枕又有何難呢！可是，在古代，能提出這種科學幻想，也是難能可貴的吧？我六十賤辰，即有摯友送我一金雞報曉鬧表，置之枕側，黎明之時，它即喔喔長鳴，可以說，古人那神雞枕的夢想，早已成為現實。

《雞鳴圖》　【明】陳嘉言　繪

傘

傘，作為普通生活用具，司空見慣，不足為奇。可是，它在世界文化史上，卻同日本摺扇的發明一樣，一向被視為東方智慧的結晶。傘的故鄉究竟在哪裡？西方有人講在東方。東方有人講在中國。中國也有人自稱其為「國粹」。其實，傘的起源並非是一元的。「傘」在中國始於何時，至今仍是個待解之謎。但知，它在東方有著簦、蓋、繖、傘四個階段的發展史。

傘起源於何時？

華夏文化成就，大凡難究其始的，古人則往往歸功於「人文初祖」黃帝。傘也是如此。

西晉人崔豹的《古今注》就這樣寫道：「黃帝與蚩尤戰於涿鹿之野，常有五色雲氣，金枝玉葉，止於帝上，因而作華蓋。」

蓋，是傘的古稱。華蓋，即華麗的傘蓋。因之，1600 多年以來，凡談及傘的起源，多引之以為據。

傘的起源的這種神話，早在宋代就有人不信了。但是，究竟它是怎樣起源的又說不清，於是就又編出「魯班夫人造傘」的故事來。南

《耕織圖》【清】焦秉貞 繪
畫中的農夫頭戴斗笠，身披蓑衣

《帝王道統萬年圖冊・黃帝》【明】仇英 繪

宋魏慶之的《詩人玉屑》載：傘乃魯班妻所造，謂其夫曰：「君為人造居室不能移，妾所造傘能移千里之外。」認為魯班妻是傘的始祖。因之，當代不少書刊中，已將古人賦予黃帝的傘的發明權，轉送給魯班夫人了。

其實，人類的許多文化成果，是難以確認是哪一個人發明或完成的。比如種植、房屋建築等，是誰發明的？古人很聰明，對此給予一個巧妙的回答，如農業，是「神農氏」首創的，房屋是「有巢氏」首創的。譯為今語，即農業是善於農業的人創造的，房屋是建造房屋的人發明的。依照此例，也可以說：傘是有簦氏發明的。為什麼？因為傘的最古老名稱叫「簦」。

簦與笠，都是原始的雨具。唐人顏師古在《急就篇》的注解說：「簦、笠，皆所以禦雨也。大而有把，手執以行，謂之簦。小而無把，首戴以行，謂之笠。」東漢人許慎著《說文解字》解釋得更簡單明確：簦，是有柄的笠；

《孔子像》【南宋】馬遠 繪

笠，是無柄的簦。簦笠的區別就在於有柄無柄。顯然，簦起源於笠，笠是最原始的傘。

簦，最早見諸文獻記載，是《史記・虞卿列傳》，稱虞卿是個遊說之士，「躡蹻擔簦」說趙孝成王，一見，賜黃金百鎰，再見，為趙上卿。「躡蹻擔簦」，意為穿著草鞋，肩負雨傘。此事大約發生在西元前265年，距今有2200多年了。

笠，《詩經》中已見記載。《小雅・無羊》即有「爾牧來思，何蓑何笠？」問牧人，帶來蓑衣和斗笠了嗎？可見，早

聽古物在說話：
從飲食、娛樂到禮俗文化，原來古代生活好愜意！

在大約 3000 年前，斗笠、蓑衣已是勞動者的普通雨具了。

笠、簦的實際使用，可能比文獻記載古老得多，早在原始社會當已有之。但目前考古所發現的實物模型是先秦的，鑄造於雲南青銅器上。即帶柄的斗笠。

孔子的馬車為何沒有車蓋？

傘氏族系，歷史悠久，支脈也繁多。「簦」為長族，始終與勞動者為伍，身世貧賤。「蓋」為旁支，多與公卿富豪為伴，又分雨蓋、車蓋、繖蓋諸支，丁口興旺，茲分述之。

《孔子家語》裡有個故事：「孔子將行，雨，無蓋。」門人說子夏有蓋，孔子終不肯借，因為子夏為人吝嗇。

《禮記・檀弓》中也有個故事：「仲尼之畜狗死，使子貢埋之。曰：『吾聞之也，敝帷不棄，為埋馬也；敝蓋不棄，為埋狗也。丘也貧，無蓋，於其封也，亦予之席，無使其首陷焉。』」

這兩個故事，都說孔子無蓋。孔子並不富有，可也有自己的馬車，可他卻既無車蓋，也無一把雨蓋。所以，連個破蓋葬狗也沒有。這是為什麼？不難想知，蓋不同於簦，比簦貴重得多。蓋之貴重，因為其製作繁難。

從考古發現的先秦車蓋看，除竹木等材料外，還附有許多金屬構件。如湖北江陵出土的楚車車蓋，高 2.22 公尺，蓋頂直徑約 3 公尺。有蓋弓 20 根，每根的末端套有青銅的蓋弓帽。其他地方出土的，不少是銀質的蓋弓帽。蓋衣多不見，可能多為皮質的，或用絹布加以髹漆。古籍《考工記》中，對製作車蓋的尺寸、材料、工藝都有詳細的規定。顯然，比用竹條編個簦、笠難得多。

車蓋始於何時？

　　先秦兵書《六韜》中記載：西周的開國統帥呂尚，天雨不張蓋幔。《古今注》曰：「武王伐紂，大風折蓋。」蓋幔似在商末周初已有。

　　從考古發現的實物看，西周早期確已有車蓋。在北京市琉璃河燕國墓地的一座車馬坑中，埋有 10 馬 5 車，居中的一車上，設有車蓋。蓋為木質，有 26 根蓋骨，從中央頂部向外放射性排列。頂的直徑約 1.5 公尺。其時代至今約有 3000 年。從這一出土車蓋製作之精熟程度來看，其先當還有漫長的歷史。

《步輦圖》【唐】閻立本 繪
唐太宗端坐在步輦上，另有數名宮女或撐華蓋，或持大扇

聽古物在說話：
從飲食、娛樂到禮俗文化，原來古代生活好愜意！

是的，比之更早的商代也有車蓋。在商代故都安陽殷墟出土的甲骨文中，車字很多。在《鐵雲藏龜拾遺》中有片甲骨上的車字，兩輪之間的車軸上，特畫有一車蓋。

綜合考察，商代已有車蓋，但並不普遍，西周初期仍是如此。

華蓋為何神聖？

傘氏族系中，有貧賤的簑族，也有常與豪富公卿為伍的蓋族，而其中聲勢顯赫、貴與天齊的為傘蓋一支，其佼佼者名曰「華蓋」。

在西方，埃及神話認為，凡人所見到的天，不過是神的下腹，從大地的此端到彼端，天像張開的一把大傘。因此，在神聖宗教儀式中，祭司和法老往往要立於蓋蔭下，以示其尊榮與威嚴。

無獨有偶，在東方，中國古代哲人也有的視天為一把大傘蓋，地像個方形的棋盤，從而形成一種古老的宇宙觀，名為「蓋天說」。這種宇宙觀認為「天形如蓋」。傘蓋也就成為天的象徵了。

先秦人製造車子，認為車

馬王堆漢墓出土帛畫

廂是方的，象徵大地；車蓋是圓的，象徵上天。上天有二十八宿，車蓋有二十八根蓋弓，以象徵星宿（《考工記》）。這從陝西出土的秦始皇銅車上的傘蓋可以看得很清楚。

考古發現的西漢馬王堆帛畫，從上到下分成天上、人間、地下三界。在天上與人間的分界處，就用一傘蓋隔開，以之象徵天。

史載，新朝皇帝王莽，大概受到關於「九天」觀念的影響，曾製作九重華蓋，蓋高為九九八十一尺。東漢靈帝，又造十二重華蓋，象徵十二重天，以顯示自己身為天之驕子，至高無上。

綜上所述，埃及的法老與中國的皇帝在「天像傘、傘像天」這一觀念上何其相似乃爾！又都借傘來顯示自身的威嚴與神聖。

古代對傘的製作、使用有法律規定。傘蓋的顏色、紋飾、高度，也都

《清明上河圖》（局部）【北宋】張擇端 繪

聽古物在說話：
從飲食、娛樂到禮俗文化，原來古代生活好愜意！

依爵位不同而等級森嚴。華蓋，其帷以黃色綾絹為裡，故又稱「黃屋」，為御用之物，不准他人僭越。漢文帝時，淮南王劉長私製黃屋乘輿，依法論罪當死，遑論平頭百姓！

這就不難理解，為什麼古人編造的神話，說華蓋起源於黃帝頭上的五色雲氣，意在渲染華蓋的神聖性，當是不言而喻的。

華蓋在唐朝以降，多用於佛道的宗教活動。

《元史》中有個金傘遊皇城的故事。

元至元七年（1270年），皇帝聽了帝師八思巴的話，在元大都皇宮內大明殿的御座上，建起一頂白傘蓋，用素緞製成，傘上用泥金書寫了八個梵字，即「鎮伏邪魔，護安國」。從此，每年二月十四日，即在殿上建起金書傘蓋。次日，由帝師率眾恭請金傘出皇宮，繞皇城，進行大遊行。

隊伍中有僧侶、儀衛、大型樂隊、扮裝的歌舞百戲，隊伍長達 30 里。後妃及宮人在五德殿門外，搭起金脊五殿彩樓，觀覽遊行的長龍。這佛事活動共歷時三天，最後送還金傘。年年如是，名曰「金傘遊城」。

東方的僧侶也和西方的祭司一樣，利用傘的神話及神祕性，以提高宗教的聲望。那金傘年年遊皇城，可大元帝國的國運卻不長，終於被憤怒的農民起義推翻了。

從此，傘氏中的貴冑日見衰頹，即使在佛、道的重大活動中，它也顯得十分寒酸。只有在戲劇影視舞臺上才略顯出一點威嚴。

傘如何走向大眾？

傘氏族系中，簦氏有著悠久的歷史，蓋氏有過輝煌的歲月，傘氏最年輕，卻是最富有革新精神的。

傘，其音其形，均有來歷。

「傘」，古寫為「繖」，從糸，散聲。「繖」字最早見載於《通俗文》，釋曰：「張帛避雨，謂之繖。」可見，它不同於蓋的是，繖衣以帛製成，可以散開，故稱「繖」。傘的讀音，即源於散開的「散」。

《通俗文》的作者為東漢經學家服虔。他生卒年不詳，僅知在中平年間（184—189 年）曾任九江太守。即「繖」字見於字書，約有 1800 年了。

「繖」字見載較晚，但其實物出現較早。考古發現的戰國人物馭龍帛

製傘

畫，其人物頭上就有一頂張開的帛繖，四角係有垂纓。它不同於車蓋，故稱為「繖蓋」。繖的出現至少也有 2300 多年了。

「傘」字的出現更晚。它是南北朝時始造的新字，最早見於《魏書・裴延俊附裴良傳》，有「白傘白幡」之句。該書脫稿於西元 551—554 年，即傘字的出現有大約 1500 年。

原有「繖」字，為何又要造個新的「傘」字呢？究其原因是繖氏家族中出現了革故鼎新的新成員。「繖」字本為形聲字。「傘」字的繁體或簡體，卻都是個象形字，即繖氏家族中鼎新者的具體形象。

《南史》載，南齊時，盛行四幅傘，人爭用之。朝廷為提倡節儉，詔令禁止窮人使用。四幅傘，顧名思義，其傘衣為四幅布帛連綴而成。這種傘的形象，在東晉的顧愷之《洛神賦圖》上、南北朝的石刻上均有發現。形為中央高、四角低的帛傘，傘衣繃得不是很緊，看不見傘骨。山東嘉祥隋墓的壁畫中，也有一頂四幅傘，有四根支撐傘弓的弓叉外露，弓叉另一頭集於傘柄的中間。唐代閻立本的名畫《步輦圖》上，也畫有一傘，作四幅，四角垂纓，其四根弓叉支撐著四根傘弓，一目了然。「傘」，其中有四個「人」字，其實，那不是「人」字，而是傘的弓叉支撐著傘弓的象形，其數為四，那是傘為四幅的緣故。

繖與傘的區別，除可以開合與否外，頂也不一樣。「繖」是圓形平頂，「傘」卻是尖頂、截錐形。故「傘」字字形強調了這一點，開頭兩筆，即畫出了尖頂。

修傘

繖與傘，在傘衣上也大有區別。繖，從「糸」部，因其傘衣為絲織物。傘的傘衣，初始也曾用布帛。當傘字見於史冊的時代，已有了油紙傘。南北朝文學家庾信（513—581年）有封答友人贈「傘」的信，其中談及「紫油傘一張」。油傘是紫色，大概是因用桑皮紙製成，塗有多層桐油的緣故。值得注意的是，詩人在泛指傘時，用了「繖」字，而具體講到紫油傘時，寫作「傘」。顯然，南北朝時「繖」仍是個內涵較豐富的大概念，而「傘」則專指有別於傳統式樣的新成員。

　　傘，經隋唐，到了五代，工藝已漸精。

　　宋朝陶谷《清異錄》記載了一個製傘者的故事。江南人周則，年少時，家境貧寒。以製傘為業，後來發跡，在朝為官，聯姻皇室。一次，李後主戲問起往事。周則曰：「臣昔日急於米鹽，日造二傘，貨之以果腹，後稍得溫飽。幸逢盛明，方舍舊業，始有今日富貴。」後主風趣地說：「此非朕之力，卿乃得高密侯提攜而起家也。明年，當封高密侯！」

　　這故事表明，五代時已有專門製傘的作坊，所製之傘，弓骨密集，所以後主才戲稱之「高密侯」。「高密」二字正好與山東高密地名同音相諧。

　　當時的傘，有多高多密呢？

　　在北宋名畫《清明上河圖》上，橋上、街頭畫有陽傘甚多。其高在 2 公尺以上，弓骨多達 32 對，的確堪稱「高密」。

　　綜觀之，開合傘，五代時已經成熟，宋代時，民間已廣泛使用。近世，製傘質料改進，出現了摺傘、自動傘、燈光傘等，溯其源，都是傘氏族中鼎新者一支。

　　傘與摺扇，在中日文化交流史上占有一席之地。摺扇於西元988年傳入中國。帛繖傳日比摺扇傳入中土為早，約於西元522年。

但開合傘傳日，比之為晚，約在宋元之際。當中國的文人學士贊詠日本摺扇之時，日本的僧侶、武士中也正流行著中國的紙傘。

折疊傘的發明，在西方比東方晚。有資料稱，西元 12 世紀，英語始有「傘」這個詞，是指陽傘。1733 年，巴黎方有人用油布製成雨傘。1874 年才有了弧形鋼質傘骨，傘方可收緊，成為紳士們使用的雨具，繼而成為女性的裝飾品。可是，這時我們中國仍用竹木製傘呢！

木屐

在當今世界上，大概只有日本堪稱「木屐王國」。特別是日本女子，身著和服，足著木屐，走起路來，身略前傾，小步急趨，是那麼文靜、典雅，謙恭得體，別有一番風韻。在京都、奈良觀光時，我就常常欣賞那種屐步風姿，細聽那種有節奏的木屐聲，頗感那是一種美的享受。這種遺風是日本文化的一大特色，其實中國古人也曾穿木屐，兩者有何淵源呢？

男人和女人穿的木屐有什麼不一樣？

1986 年 5 月，我一到安徽省考古研究所，就有人告知，在馬鞍山的三國時東吳大將朱然墓的隨葬品中發現了一雙髹漆木屐，並立即將當時還泡在所內文物修復室玻璃缸裡的髹漆木屐取出，讓我觀賞。

這雙 1700 年前的木屐，屐板前後都是圓頭，中部略寬，近似於橢圓形，前端有一個繫孔，後端有兩個繫孔，屐上的繫襻已腐朽無存。屐板下有前後兩個屐齒，前齒接近屐板頂端，後齒接近屐板後跟，因而兩齒相距很寬。木屐長 20.7 公分，中間最寬處 9.6 公分，屐板厚 0.9 公分。屐齒高 3.2 公分，寬 2.6 公分，齒高與屐板寬度相等。這木屐的屐板與齒不是分別製作後再結合在一起的，而是用一塊整木雕成的。

在中國古籍中，多有木屐的記載，但古代木屐的發現，卻是近幾年的事。這雙漆木屐的出土，實在是中國古代服飾考古中的一件大事！

看到這木屐的屐板前後都是圓頭，令我想起一個有趣的故事來。

《晉書》記載：「古代木屐頭部的樣式男女是有區別的。男子木屐是方頭，寓意男子性格方剛，英勇不屈。女子木屐是圓頭，取女子品性圓柔溫順之義。」又記載，西晉太康（280—290 年）初年，女子也丟掉圓頭木屐，競相穿起方頭木屐來，大有與男人爭個平起平坐的趨勢，成為一代社會風氣，引起統治者的驚訝。不久，晉武帝死去，晉惠帝成為

那個男權為中心社會的最高統治者，可他卻是個出了名的呆傻皇帝。他的皇后賈南風善於鑽營，精於權詐，以種種手腕打敗了政敵，操縱著皇帝和宮廷，大權獨攬，成為八王之亂的罪魁禍首。因之，封建史家感嘆道：牝雞司晨不是偶然的，其禍端早在女人穿方頭木屐時就顯露出徵兆了。

這當然是無知邪說。然而，它給人以啟示：朱然墓中的漆屐為圓頭，那顯然不是大司馬朱然的，當是朱然女眷的隨葬品。

古人在不同的場合穿不一樣的木屐？

中國木屐的樣式很多，用途也多有不同，這主要表現在屐齒上。

相傳，南朝蕭梁的貴族子弟，多喜持塵尾，架長簷車，穿高齒屐，遊遊逛逛，無所事事。其木屐名曰「高齒」，究竟有多高呢？史缺有間，未見詳載。但見日本鎌倉時代名繪《扇面法華經冊子》上畫有一人在雨中撐傘穿一雙高齒屐。另一名繪《明惠上人圖》中也畫有一雙高齒屐，屐齒之高，可與屐寬相等，約略有 10 公分，但不知蕭梁貴胄是否也是穿的這種高齒屐？這種高齒屐雖不便於勞作，可是用之踐泥踐水是很好的，是一種很實用的雨鞋。

木屐也有用來登山的。唐代詩人李白有詩句曰：「腳著謝公

《歸去來辭》【南宋】佚名 繪
畫中的陶淵明腳蹬木屐

屐，身登青雲梯。」謝公即南朝劉宋詩人謝靈運，性喜遊歷山川。相傳他改造木屐，上山時去掉木屐前齒，下山時去掉木屐後齒，這樣無論上山下山都如履平地，後人稱這種登山屐為謝公屐。後世因登山時屐齒磨損厲害，就用金屬予以加固，又名「金齒屐」。也有為了避免登山打滑，齒上加釘如爪的，故而名曰「金禽蹄屐」。相傳古代交州有一女子占山為王，就常穿一雙金禽蹄屐。這種「金禽蹄屐」，近年在江西南昌三國古墓中有兩雙出土。屐若鞋狀，屐板下有前後兩齒，前齒上有鐵質釘足四枚，後齒上有三枚，其高為 1.5 公分。這種「金禽蹄屐」應該說是一種特製的登山鞋了。

木屐也有用於戰爭的。三國時，魏蜀兩軍對峙於五丈原，即今陝西眉縣西南斜谷口西側。不久，蜀相諸葛亮病逝，魏將司馬懿率兵追擊。但那一帶蒺藜很多，士兵叫苦不迭。於是，司馬懿命三千士兵穿上去齒軟底木屐，前行開路，步騎隨後進發。如此說來，木屐又是一種特殊的軍用鞋了。

木屐雖有種種樣式和用途，但主要還是一種日常生活用的便履，類似今天的拖鞋。因此，木屐是不能登大雅之堂的。東晉時有位官員叫徐應楨，曾當過皇帝的侍從官。有次，他穿著木屐出入官府，監察官發現了就告了他一狀。

朱然墓出土其女眷的木屐，正是日常生活所用的。漢代應劭《風俗通》中記載：漢人嫁女，在嫁奩之中，要有漆畫屐，並以五彩絲為繫。朱然女眷木屐，繫雖已朽，髹漆猶存，屐板面上不見漆畫，但見有密密麻麻的很多小坑坑，形若圖案，顯然，其上原是有鑲嵌物的，可惜已經

脫落。應該說，這是一雙豪華的鑲嵌漆屐。這漆屐是否是女子的陪嫁物呢？依當時風俗似應是肯定的。

去哪裡尋找最古老的木屐？

三國木屐的出土，又令人想起西施與木屐的故事。至今在蘇州靈岩山上有個遺址，相傳吳王夫差曾為西施在那裡建造了一座館娃宮。館娃宮中有一斜廊，是音樂與建築相結合的藝術傑作，名叫「響屧廊」，也叫「鳴屐廊」。據說建廊時，先鑿空廊下岩石，安放一排陶甕，其上用富有彈性的梓木為板建廊。梓木是古人用以製作琴瑟等樂器的木料。廊建成後，西施穿著木屐常常在廊上走來走去，有節奏的屐聲聲響猶如悅耳動聽的木琴曲，再配以身飾金玉的叮咚之聲，使吳王聽得如醉如癡呢！

《孔子聖蹟圖 · 在陳絕糧》【明】佚名 繪

魯哀公六年（前 489 年），楚國派人聘請孔子到楚國去。陳、蔡二國的大夫們擔心楚國重用孔子會給陳、蔡帶來危險，於是共同發兵將孔子師徒圍困在曠野裡

這動人的千古傳說，儘管早在隋唐時即已廣為流傳，不少詩人也留下了膾炙人口的詩句，可終究未必是可信的歷史。但有一點似乎是毋庸置疑的，即在西施的時代，吳越地帶就已穿木屐了。

與此相類似的另一傳說，是木屐與孔子的故事。清人王謨輯《論語隱義》說，孔夫子周遊列國，到了蔡國，住在客舍，半夜裡一只木屐被偷走了。那賊又去鄰家偷東西，又把那只木屐丟在失主家。孔子是山東人，個子大，穿的木屐也大，長一尺四寸，合今約 27.9 公分。大概這事給孔子一行招來了麻煩。孔子就是在這時被人圍困，絕糧好幾天，吃不上飯。子路都生氣了，孔子仍然彈琴唱詩，心情很平靜。史書上只說陳蔡人圍孔子是怕楚國聘用他，而未提及木屐事件。

但孔子的木屐卻流傳了下來。西晉時，作為國寶收藏在皇家武庫裡。就在前敘及那個賈南風把持皇權的時候，西元 295 年，武庫失火，孔子的木屐、劉邦的斬蛇劍，還有被漆黑了的王莽的頭骨，都化為灰燼了。

這裡值得注意的是，木屐事件發生於蔡，即今安徽壽縣，蔡在淮水流域，當時就受制於吳。根據當代學者研究，先秦時代，淮水流域及長江下游，南至南海，東南及於臺灣，有著共同的文化，與中原、北方、齊魯、楚、秦、巴蜀滇六個文化圈相並存，可稱之為「吳楚文化圈」。西施與孔子關於木屐的故事，都發生在這個文化圈裡。

西施和孔子以前，中原有木屐嗎？也有的。南朝劉敬叔《異苑》載：春秋時，晉文公當上國君後，為報答多年前介子推的救命之恩，到處尋找介子推。介子推卻避於綿山不出，晉文公用放火燒山的方法想逼出介子推，不料介子推最後抱木被燒死。晉文公悲傷地把這段木頭伐下來以製屐，穿在腳上，每俯視雙屐，則拍膝悲呼：「足下！足下！」據說「足下」這一敬辭，即因於此，並由之衍演出「陛下」、「殿下」、「閣下」等敬辭。晉文公（前 697—前 628 年）的年代，比孔夫子（前 551—前 479 年）早百餘年呢！

比這更古老的木屐有沒有？這在中國典籍中未見記載。宋代郭若虛在《圖畫見聞志》曾指出：「三代（夏商周）以後，始服木屐。」證之於古文字，在商周甲骨文、金文中迄今尚未發現「屐」字。此說有無道理不得而知。

為什麼三代以後始服木屐呢？我認為，木屐的發明當在溫暖多雨的南方，最早可能始於吳越。在商周以後，即春秋後期，吳越才先後崛起於東南，爭霸於中原，與各諸侯國禮聘、會盟，頻繁交往，往日局促於東南一隅的吳越文化才可能逐漸向中原及其他地域傳播開來。

在古代，各民族的、地域性的文化的交融是相當緩慢的。東漢時，長江流域貧家嫁女也少不了梳裳、木屐。但在

《五百羅漢圖》（局部）【南宋】
周季常 林庭珪 繪
左下方的羅漢穿著木屐

黃河流域的京都洛陽，只有長者才著木屐，史籍對此還特別加以記載。南北朝時，南朝穿木屐十分流行，而在北朝穿著者較少，甚至看作新鮮事。直到唐代，也大致如此。這或許同地理位置與氣候有關。五代、兩宋以降，女子纏足之風日興，著木屐者也就日漸減少了。男子著屐，宋元時仍不少，至明清也漸衰了。現代以新材料製成的雨鞋、涼鞋、拖鞋勃興，木屐更日益少見。

木屐與吳越文化的關係，詩人李白就曾唱道：「吳風謝安屐，白足傲履襪。」明確說赤足著屐是吳人風俗。

在晉代文獻上曾記有一位木屐收藏家，說他收藏的用白荊木製作的木屐有「六七十兩」。初看至此，頗以為怪：怎麼木屐還論斤兩呢？又見南宋時的詩句有：「好山能費幾兩屐，勝日須傾三百杯。」也頗疑「兩」字有誤，顯然，其量詞應當說「雙」，不當說「兩」。可是，古人從晉代到南宋，為什麼談及木屐時使用量詞都說「兩」，而不說「雙」呢？後來，我這個北方人去上海，向上海人問路，牌上明明寫著「瑞金二路」，當地人卻都說是「瑞金兩路」。這使我頓然醒悟，原來稱雙為兩、讀二為兩，是吳語的特點。由此，是否也可探索到木屐與吳越文化的一點關係呢？

慈湖木屐

朱然墓發現於南京市西南約80公里，位於長江江畔的馬鞍山市，這就為木屐源於吳越文化圈觀點，從考古學的角度增添了一個佐證，有利於對木屐源流這一文化之謎的研究。

另外，木屐是否最先是在朱然那個時代，是否隨著孫權下令

組織的 20000 多人的東吳海上船隊傳播到日本列島的呢？這還有待專家去考證，在此難言其詳了。但是，令人注目的是，日本的彌生時代有一種木跂，狀若一雙圓口淺幫布鞋，是用整塊木頭挖成的。無獨有偶，樣式相同的木跂，在中國江西南昌、湖北鄂城的三國古墓中接連出土。中日兩國有大海相隔，何以竟能出土時代相同、製作工藝也相同的木跂呢？豈不發人深思！

綜觀之，木屐文化，並非大和民族所獨有，也不是中國吳越以及南方文化所特有，乃至不只亞洲所特有，歐洲的荷蘭也是個木屐王國，非洲的木屐也是享譽世界的。

木屐的歷史遠比有文獻記載的時代古老得多。考古在發現漢魏的木屐後，1989 年又發現 5300 多年前的木屐，因是在浙江省錢塘江畔慈湖良渚文化遺址發現的，故稱之為「慈湖木屐」，兩隻木屐，出土時一隻已腐爛，另一隻比較完整。屐板上有五個穿孔，是繫襻用的，屐板下沒有屐齒，前後各有一條溝槽，是用以掩蔽繫襻，減少磨損的。顯然，這不是最原始的，最原始的木屐應當比這還要古老。究竟老到何時，今天還不得而知，只有待於考古的更新發現來解開這一歷史之謎了。

慈湖木屐，雖還不是最原始的，卻堪稱世界第一古屐，也是中國乃至世界現存最早的鞋。（郭淨）

胭脂

胭脂，自古以來在東方就是女性美的一種象徵。今日，這種有功於人類生活美的化妝品，幾乎家家必備。然而，欲話其源，卻又感到有些陌生了。人或曰小說《紅樓夢》中的「寶玉就喜歡偷吃女孩兒的胭脂」；或言唐詩有句「三千宮女胭脂面」；或言「南京玄武湖畔有井名胭脂井，是六朝古蹟」；等等。似知非知，起源問題仍是個文化之謎。

古人有哪些胭脂妝？

當代化妝品以成「系列」最流行。古時則概曰之「脂澤粉黛」，簡稱「脂粉」。脂，主要是指胭脂，用以點唇飾頰；澤，又稱香澤，用以潤髮；粉，為鉛粉製品，用以傅面；黛，即青黑色顏料，用以畫眉。請看，也是成「系列」的。在這一「系列」中，以胭脂為首，品類最多，諸如胭脂餅、胭脂粉、胭脂膏、胭脂紙、胭脂綿等。具體又有各種名目。諸如石榴嬌、大紅春、小紅春、淡心紅、萬金紅、聖檀心、露珠兒、洛兒殷、小朱龍、媚花奴等。這麼多品類，濃淡有差，各有其用。有的用之於化妝，有的用之於繪畫，有的用作食用色素，還有的用以染紙製箋。著名的薛濤箋，

南宋戧金仕女圖蓮瓣形朱漆奩
古代女子盛放脂粉的梳妝盒

為深紅小箋，「蓋以胭脂色」故也。

　　胭脂的主要用途還是化妝。胭脂妝法，約略有五：一曰霞妝，即塗紅臉蛋；二曰星靨，即在酒窩處點紅點；三曰花鈿，即在額前貼或描上花飾；四曰點唇，即塗紅嘴唇；五曰斜紅，即在面頰兩側，各抹一月牙形紅線，或畫為菱紋，或塗作柔美的花紋。這幾種妝法都用胭脂，卻各有來歷。

　　霞妝，也叫曉霞妝。相傳始於曹魏宮女夜來。元人伊世珍所著《琅嬛記》載：「夜來初入魏宮，一夕，文帝在燈下詠，以水晶七尺屏風障之。夜來至，不覺，面觸屏上，傷處如曉霞將散。自是宮人俱用胭脂仿畫，名曰曉霞妝。」曉霞，當為豔紅。後至五代，用色尚淡，又名「桃花妝」。

　　星靨，也稱妝靨。相傳始於東吳孫和之鄧夫人。晉王嘉《拾遺記》載：孫權之子孫和寵愛鄧夫人，常置之膝上，一夜，和於月下醉舞水晶如意，誤傷夫人頰，血流汙袴。醫言得白獺髓，雜以玉屑、琥珀合膏，痕可滅。和以百金購白獺髓，及合膏，因用琥珀太多，傷合而痕跡不滅，有赤點如朱。逼而視之，更益其妍。後宮人競效，以脂點頰，遂成風俗。唐代妝靨之風流行。有詩句曰「杏小雙圓靨」，指明當時之星靨，其形為圓，其大若小杏，其數為雙，其色為杏紅。

　　花鈿，也叫花子。最簡單的花鈿就是一個小圓點，但創意無窮的古代女子會用各種你意想不到的材料，如紙、金箔片、魚鰓骨、茶油花餅等材料剪成各種花鳥蟲魚的形狀，其中以梅花最為普遍，用一種哈口氣就有黏性的膠水（相傳由魚鰾製成）黏貼在額前眉間。相傳，在南北朝時，劉裕的女兒壽陽公主有一日在午睡時，一片梅花落在她的額頭正中，變成了一

抹亮麗的點綴。後來怎麼都洗不掉，漸漸成為她面容的一部分。壽陽公主本就生得十分貌美，在那梅花的點綴下，更加美得無可比擬了。宮女們於是紛紛效仿，用朱筆在額中繪上梅花，或者用紙剪貼梅花貼在額頭，成了最初的梅花妝。五代詩人牛嶠就描寫過這個典故：「曉啼珠露渾無力，繡簇羅襦不著行。若綴壽陽公主額，六宮爭肯學梅妝。」

點唇，因所塗胭脂濃淡不同，又有點絳唇、點櫻桃、點檀唇等名目。絳是紫紅色，櫻桃是鮮紅色，檀即淺紅色。

點絳唇，在古典文學中是詞牌名，歷代多有佳作。然而，其內容已與點唇無關。但若考此詞牌名稱之始，又與點唇有關呢！典出南朝梁詩人江淹的〈美人春遊詩〉，其中有句曰：「白雪凝瓊貌，明珠點絳唇。」詩句形容春遊美女，肌膚若白雪美玉，明亮的大眼睛與紫紅色的香唇相映襯，格外嫵媚動人。

點櫻桃，約始於唐，也就是點唇不尚紫紅，而尚鮮紅。白居易有詩讚其女伎曰：「櫻桃樊素口，楊柳小蠻腰。」小蠻為舞伎，故讚其腰肢綿軟靈活猶若迎風楊柳。樊素乃歌伎，故讚其口，小巧圓潤，若櫻桃之形，豔豔動人，若櫻桃之色。或許從白居易作始，後世文學作品凡描寫女子之美貌，總是說「櫻桃小嘴」。元文學家薩都剌就有句詩曰「如花人，櫻桃唇」。

點檀唇，唐宋時，婦女點唇流行用淺紅色。敦煌曲《柳青娘》有詞曰：「故著胭脂輕輕染，淡施檀色注歌唇。」

宋秦少游《南歌子》也有詞曰：「揉藍衫子杏黃裙，獨倚玉闌，無語點檀唇。」

詞中所寫女子，著淺藍衫，杏黃裙，點唇也當以淺紅色為宜了。

談及點唇，就不能不提及西安出土的一

《貴妃曉妝》【明】仇英 繪　　　　　　描繪了唐朝楊貴妃清晨梳妝打扮的情景

個點唇三彩俑。那女俑高髻、短衫綠裙，正倚坐一個藤墩上，左手持鏡照面，右手伸出食指點唇，神態安然，落落大方。這位唐代女子，似為一歌伎，其所用胭脂是紫紅色的洛兒殷呢，還是淺紅色的聖檀心呢？或許是鮮豔的櫻桃紅吧！

　　依上述傳說，曉霞、星靨、花鈿，好像都是從三國以後才有的。其實不然。以朱飾面，先秦已有。楚文學家宋玉讚其東鄰女子之美，則曰「著粉太白，施朱太赤」。顯然，戰國已有用紅色顏料化妝的習尚，雖無「曉霞」之名，早有「曉霞」之實，其始不待夜來傷面。同樣，星靨也不自東吳鄧夫人始。東漢劉熙著《釋名・釋首飾》已然記載，天子諸侯妃妾甚多，依次進御。若有月經，或已進御，則以丹注面，灼然為識。女史見之，則不再書其名以進幸了。其名曰「旳」，今皆以「的」代之，且

《都督夫人禮佛圖》【盛唐】莫高窟 130 窟壁畫　　畫中的人物再現了唐代女性的妝容服飾

約定俗成了。秦始皇追尋長生，喜好求仙訪道，於是讓宮中女子梳仙髻，貼「五色花子」。這花子，就是花鈿。再說，點唇也不自南朝始。漢已有唇脂，且有以販胭脂而成巨富者。先秦楚墓出土之木俑甚多，以朱點唇者已屢見不鮮。

斜紅，南朝梁代已見記載。有詩句曰：「分妝開淺靨，繞臉傅斜紅。」唐詩有句曰：「一抹濃紅傍臉斜。」從考古發現與文獻記載看，這種胭脂妝多施之於歌伎、舞女，以及木偶頭像上，或許這是古代歌舞藝伎獨有的化妝法。

順便補充一下，「脂澤粉黛」一詞，最早見諸《韓非子・顯學篇》。可見，2200 多年以前就有「系列」化妝品了。

古代的胭脂怎麼製作？

胭脂，是用什麼原料，怎樣製作的？古今中外有何異同？這當也是雅好胭脂者所關心的。

先讓我們從慈禧的胭脂說起吧！

清末操縱皇權數十年的慈禧太后，也是一代風流女子，她對胭脂的關心似乎比關心國事還重。她用的胭脂，是親自監製的。通常製作胭脂，多用紅藍花（紅花）、紫茉莉（又名胭脂花），或用榴花、紫蘇，或用蘇木浸汁。慈禧不用這些，而用蓓蕾初放的玫瑰花瓣，每一瓣都要選色澤純正、濃淡相宜的，令宮人趁清晨初放時戴著露珠兒採摘，集於石臼，舂製成漿，再以多層紗布過濾，製作出純淨玫瑰花汁。然後，再將大小恰與胭脂缸口徑相宜的、壓製成月餅形的新絲絮浸入汁中，五六天後取出，置於通風的陰處晾乾。就製成了胭脂綿。用時，浸以溫水，輕擦掌心，再搽於兩頰。這種胭脂，紅色鮮嫩，芳香襲人，非一般市井胭脂可比。

古代如何製作胭脂？目前僅知，安徽省壽縣東漢古墓所出之胭脂，是粉狀的，或可稱之為胭脂粉。晉人張華的《博物志》記有「作燕支法」：

取藍蘬（古『花』字）搗以水，洮去黃汁，作十餅如手掌，著濕草
臥一宿，便陰乾。欲用燕支，以水浸之，三四日，以水洮黃赤汁，
盡得赤汁而止也。

可見，當時製作胭脂，用的是「藍蘬」，即紅藍花，今名紅花。製作
時是不過濾的，也不用綿，更不用紙，是連同花瓣殘渣團之為餅以備用。
這與後來鄉間用鳳仙花搗為泥，堆於指蓋上染指甲的方法頗類似。

中國古代胭脂，製法雖有所不同，但都採取富含紅色素的植物作為原
料，色鮮味芳。可以說這是東方胭脂的一大特色。這與西方胭脂是有所不
同的。

胭脂在西方，歷史也很古老。

在美洲，歐洲人還沒有踏上這塊新大陸之前，當地居民就已長期使用
胭脂了。後來，胭脂才隨同印第安人的黃金，以及玉米、番茄、煙葉等，一起橫渡大西洋。

美洲的胭脂，是用一種胭脂蟲製成的。這種小蟲的雌性體內含有多量的胭脂紅酸，呈鮮紅色。這種小蟲，寄生於仙人掌上，一年可捕獲兩次。捕獲時，小心地用刷子將其從仙人掌上刷入布袋中，加熱殺死，烘乾，粉碎，即成。據說製得一磅胭

《妝靚仕女圖》 【宋】蘇漢臣 繪

脂，大約要用 7 萬個胭脂蟲。

非洲的古埃及，也有一種顏料，名為「胭脂紅」，也是用一種介殼蟲製成的。這種顏料，曾作為向征服者羅馬軍隊進貢的貢品。

現代胭脂，無論東西方，其著色劑幾乎全部被苯胺染料所取代，名、實、功、質皆大同小異了。

胭脂起源於匈奴？

胭脂在中國，先秦已有，若深究其源，又有兩說。

一為胭脂起源於匈奴說。

自來持此說者，都是根據《西河舊事》等書之記載。據說，匈奴在漢武帝時，失去祁連、焉支二山之後，曾淒涼地唱出一首悲歌：「亡

《孟蜀宮妓圖》【明】唐寅 繪

在唐末五代時，出現了三白妝──將額頭、鼻子、下巴塗成白色，並在耳朵下方塗白，與臉部的三白呼應，以增強面部的立體感，類似於今天提亮的作用。可見各個時代的妝容與當時的審美息息相關

我祁連山，使我六畜不蕃息。失我焉支山，使我婦女無顏色。」

焉支，又作燕支，其山遍生燕支花，即紅花。匈奴婦女，採其花，榨其汁，凝為脂，以為飾。因之，匈奴語稱妻子曰：「閼氏」，也就是燕支，意思是他們的妻子可愛得就像紅花。後來，燕支才寫作燕脂、胭脂等。

二為胭脂始於商紂說。

五代馬縞《中華古今注》記載：胭脂，蓋起自紂，以紅藍花汁凝為脂，為燕國所產，故曰燕脂。

這兩種說法，根據現代考古的發現，都是難以成立的。

我們已經知道，中國顏料史的第一章，是 18000 年前的山頂洞人用赭石粉寫下的，也是他們開創了塗朱之俗，相沿甚久，至今中國的紫禁城紅牆還是頗有些神祕性的！

我們也知道，中國髹漆史的第一章記載的是朱紅漆。那是 7000 年前

牛梁河女神頭像

河姆渡人用氧化鐵寫下的。

在如此古老的年代，原始人已知用紅色礦物顏料作為調色劑，難道先民卻不知使用那最引人注目的植物花朵作為染料嗎？在南美亞馬遜原始森林裡過著與世隔絕生活的印第安土著，其中波圖魯部族的婦女即從一種特殊的植物中提取特殊的顏料，將全身塗成紅色；亞諾馬尼部族的女性則從水果中得到紅色顏料，作為面部使用的化妝品。在中國，植物染料，何待至商紂之時方見，何只有匈奴婦女方識？應當說，植物性的染料最易發現，也當是最早被使用的。只不過年代久遠，難以保存，今日已難考見罷了。

難於考見，也並非不能考見。現已發現一件頗有說服力的出土物證，即遼西牛河梁神女廟遺址出土的泥塑神女頭像，「面塗紅彩」，「唇部塗朱」，「出土時顏色呈鮮紅色」。

不難想像，倘若先民婦女自己尚不知塗紅施朱，那麼，也就不會去為神女塑像搽胭脂、抹口紅吧！神女像上所施朱紅是何種物質，是礦物質的，還是植物質的，目前尚未作出科學鑒定。但知神女像之顏色出土後迅速消失，現已不甚明顯。依此判斷，用植物性染料的可能性更大。無論結論如何，這神女頭像已確然向世界宣告，東方女性塗口紅、搽胭脂，至少已有 5000 多年歷史。

燈火

古代文人有不少描寫燈火的詩句:「去年元夜時,花市燈如畫。」「醉裡挑燈看劍,夢回吹角連營。」「有約不來過夜半,閑敲棋子落燈花。」燈火是光明的象徵,更是古代人民生活的歷史縮影。

最古老的燭是什麼樣的?

欲說蠟燭,還得先說說「燭」。

最古老的燭,未必用蠟,而是用松、竹、麻、葦等製成的火把。商甲骨文中與火有關的字,有 100 多個。其中有的字,像人手持一木,木上有些小點,這可能是指小火把,那些小點是火星的象形。也有的像一個人跪坐雙手持一火炬,炬上焰火騰騰。已故學者王獻唐先生在《古文字中所見之火炬》一書中,釋其字為「燭」。甚是。

考古發現得最古老的「燭」有兩種,即松明與竹籤。

1988 年在寧夏海原縣菜園發現了八座古老的窯洞,其中兩孔窯的洞壁上,有許多插孔,插孔的上方留有火苗狀的燒痕,呈青灰色。從插孔中殘留有松木皮痕跡看,這些壁孔原是插火燭的。若在插孔的半數中點上松明,窯內可有 40 瓦電燈的亮度。松明火燭,或許已有幾十萬年歷史了。有確證可考的這些遺跡,距今至少也有 4100 多年,其時代略相當古史傳說中的堯舜時代。

說到這裡,不禁令人想起古代的一個傳說:舜有兩個女兒,生有靈光,可照方圓百里,由是一個名叫「宵明」,一個叫「燭光」。(《山海經》)

勾連雲紋玉燈

聽古物在說話:
從飲食、娛樂到禮俗文化,原來古代生活好愜意!

《燃燈佛授記釋迦文圖卷》 【宋】佚名 繪
古人燃燈，也不忘記載燃燈佛的故事。相傳燃燈佛出生時周邊一切光明如燈，故稱為燃燈佛。該圖所繪，便是燃燈佛為釋迦牟尼的前世善慧童子授記，來世做佛的場景

　　有人稱寧夏古窯洞的松明火燭為「燈燭之祖」。那麼，「燭光」、「宵明」也就應被尊為中國的「燭火女神」了。

　　1989 年，在江西省瑞昌發現一處古老的銅礦遺址出土的許多採礦遺物中，即有用以照明的竹籤，籤上還有點燃過的炭痕。它的年齡比商甲骨文還古老。甲骨文的「燭」字，從「木」，不從「竹」。可這裡發現的卻是一種「竹燭」。

松明、竹籤，都是火燭的雛形。火燭，除這種簡便的樣式以外，還有大型的、製作精工的，那是王室用的「庭燎」。《詩經》中就有《庭燎》之詩，有句曰：「其夜未央，庭燎之光。」這是讚美周宣王勤於政務，天未亮，就點起庭燎上早朝的詩句。

「庭燎」是怎麼製作的？一般是以松、竹、葦子或麻稈為芯，以布索捆紮成束，其中灌以脂膏，以利燃燒。先秦尚不知用植物種子榨油，廣泛使用的是動物油。有角動物的稱「脂」，如牛脂、羊脂；無角動物的稱「膏」，如豬膏、魚膏。秦始皇陵的長明燈，用娃娃魚油，故稱人魚膏。從古代記載看，還有用樺樹皮裹以松脂的。

「燭」，在等級森嚴的時代，也成為等級製成的體現物。這主要表現在製作燭時每燭用料的多少上。禮制規定：「天子用百（比如葦百根），公用五十，侯伯子男用三十。」這樣，燭的粗細大小就各有不同了。春秋時，一代霸主齊桓公，製作燭用百，被認為是一種僭越行為，史家特書之於簡冊呢！

秦漢以降，權勢者製燭就更加隨心所欲，無所規制。晉代後趙君主石虎，曾造高 10 丈的庭燎，約合今製 24 公尺。五代時，吳國君主楊渥，為夜打馬球，「造十圍之燭，一燭費錢數萬」。這話若未誇張，那麼，該燭的直徑至少在 5 公尺以上，其高可想！後有造橡燭、千斤燭者，比之石虎、楊渥，可謂小巫見大巫了。

古代的蠟絕不僅僅用於照明？

欲說蠟燭，談了「燭」，再說說「蠟」。

蠟有黃蠟、白蠟，以及近代方傳入的石蠟。中國古代主要用的是黃蠟，即蜂蠟。

蜂蠟，同養蜂有關。早在東漢時，中國就出現了養蜂專家。其人姓姜，名岐，字子平。漢陽上邽（今甘肅天水）人。據《高士傳》記載：與姜岐

一起養蜂的有 300 餘人，而受其「教授者滿於天下」。僅此一例，不難想見當時的養蜂規模。

同養蜂規模相適應，蠟的利用在漢及以後，則相當廣泛了。比如民間印染工藝「蠟染」，漢代已肇其端。西晉時，在饑荒之年，有以食蠟充饑的辟穀法，「食蠟半斤，十日不饑」，「百日不食，容體自若者」。晉時，有蠟屍之法。權臣王敦死，為祕不發喪，將其埋於室內。為免腐臭，以席裹屍，塗之以蠟。甚至，還有的以奢侈為榮，竟以蠟為燃料燒飯呢！

其實，蜜與蠟的使用，是早在人工養蜂之前出現的。屈原《招魂》曰：「粔籹蜜餌。」粔籹，即今饊子。蜜餌，即蜂蜜加麵製成的糕餅。

早在先秦，蠟在青銅鑄造業中即已派上了大用場。

1970 年代，在湖北隨縣發現有戰國初年鑄造的尊、盤、冰鑒等，而在河南淅川發現有春秋中期的銅禁，件件玲瓏剔透，猶如牙雕一般，令人嘆絕。據冶鑄專家考證，它們都是用失蠟法鑄造的。即以蠟雕成器物模型，放於容器中，灌以澄沙。待陰乾之後，以火烤模，蠟即溶化流出，趁熱灌澆銅汁，冷卻後，剔去澄沙即成。其中，尊、盤鑄於西元前 433 年以前；銅禁，鑄於西元前 552 年以前。可知，中國以蜂蠟用於鑄造，至少有史 2500 多年了。

這樣說，或許有人以為這只是推理，最多也只能算

戰國曾侯乙墓青銅尊盤

由失蠟法鑄造，鏤空紋飾複雜精美

旁證，若能得到先秦有蠟的確證，才更令人信而不疑。

有趣的是，與那尊、盤同出的有大批樂器。音樂考古學家黃翔鵬教授在研究其中的笙時，發現在笙簧片上有一滴 2400 年前的蠟淚。笙製成後要調音，笙的簧片不便削來刮去，就在上邊滴上蠟，用修削蠟滴的方法來調笙律。直到現代，製笙調律仍用這種方法。

這小小一滴蠟淚，足證先秦已廣泛應用蜂蠟。

那麼，蠟究竟何時方被認識和使用的呢？

明人黃一正著《事物紺珠》一書說：「劉安作白蠟。」

白蠟，是白蠟蟲的分泌物。在福建武夷山就發現有高產的白蠟蟲。古代對白蠟的利用較黃蠟為晚。但也不像《本草綱目》記載的，說蟲白蠟始於元代，距今只有 700 年歷史。當代學者鄒樹文考證，中國早在漢魏時，已利用白蠟，論之有據，是可信的。白蠟，當然也不可能是什麼西漢淮南

《乞巧圖》（局部）【明】仇英 繪

七夕時，在燭火通明的庭院裡，女子們乞巧，有的捧酒，有的合掌祈禱，乞巧桌上設有一對蠟燭、香爐和水果

王劉安發明的。可若說劉安時代已有白蠟，則與事實相近了。

黃蠟，也不可能是周人的先祖公劉首製作的。但公劉所處的商代已有黃蠟，則不應有疑問。古人早知道將蜂的巢脾放在鍋內煮，一煮則蜜出而蠟浮。也有的將巢脾用布包起擠壓，一擠，蜜即流出，蠟留布內。這已為民俗學所佐證。

其實，早在人類的童年，猿人即已知咀嚼巢脾，吸其蜜，吐其渣，即蠟等。至今，猩猩還喜食蜂房呢！

如是說來，人類知道蜂蠟，同人類史一樣古老，有幾百萬年了。可是，利用蜂蠟製器、調律，卻只有兩千幾百年。

古人如何製作使用蠟燭？

談到蠟燭，人們會想到唐詩中的一些名句：「春蠶到死絲方盡，蠟炬成灰淚始乾」（李商隱《無題》）；「蠟燭有心還惜別，替人垂淚到天明」（杜牧《贈別》）。

因為這些詩句廣為流傳，不少人以為「蠟燭，唐代始用」（《農業考古》1988 年 1 期）。這是一種誤解，唐代不但有蠟燭，而且已是使用蠟燭的盛世，這在後面再談及。從前述古人製燭、用蠟的古老歷史來看，怎麼也不能說中國蠟燭有史只有 1200 年。

早在北魏賈思勰《齊民要術》一書中，就記有製蠟燭法。其法，以蒲槌為燭芯，纏以布，塗以牛羊脂，再在其外塗以蜂蠟。蜂蠟比牛羊脂的熔點高些，用蠟將牛羊脂裹起，可少流蠟淚，成本也低得多。但因不全用蠟做燭，時人也謂之「假蠟燭」。這一古法，相沿 1400 餘年。近代石蠟傳入中國以後，民間仍以此法製蠟。

「蠟燭」一詞，始見於《世說新語》。該書為南朝劉宋人劉義慶撰。比之更早的記載有沒有？《西京雜記》載：「閩越王獻高帝石蜜五斛，蜜燭二百枚。」高帝，即漢高祖劉邦。閩越王，指南越王趙佗。石蜜，即冰

糖。「蜜燭」是什麼？清人郝懿行撰《晉宋書故》曰：「古人謂蜂蠟為蜜燭。」可知，蜜燭，即黃蠟製成的蠟燭。

　　這條材料很重要，它是已知文獻中有關蠟燭的最早記述。以前不少學者也注意到了，可他們卻以「雜記之言，本非可據」，給否定了。

　　考古的新發現證實，漢代確有蠟燭，長沙馬王堆漢墓出土銅燈的燈盞中還都殘留蠟淚。更早些，在漢代古墓發現有黃蠟餅，顯然，那時以蠟代脂的燈燭並非個別了。

　　特別值得一說的是，1983 年，在廣州發現南越王二世的陵墓，墓主為南越王趙佗之孫。墓中出土有龍形燈、鳥形燈、獸面形燈多具。這些「燈」都沒有盛放脂膏的燈盤，只有筒狀燭插，燭燈燈體的大小不一，出入甚大，可燭插卻大致是 4 到 5 公分高，頂部直徑 1 公分左右。顯然這是古代的燭臺。古代燈、燭往往不分，當然稱燈臺也是可以的。這些燭臺表

《庭院嬰戲圖卷》【清】佚名 繪

聽古物在說話：
從飲食、娛樂到禮俗文化，原來古代生活好愜意！

明南越王的宮廷中是用蠟燭的。那麼，趙佗向高帝獻蜜燭的記載，雖出於「雜記之言」，卻是不容忽視的。

南越的蜜燭是怎樣的呢？從這批燈具的燭插的粗細長短一致來看，當時蜜燭的製作是有一致規格的。從燭插呈筒形看，其燭下當有較為堅挺的「跋」，即把。從只有燭插而無承淚的燭盤看，其蠟質純，少有蠟淚。蜜燭大概不像後世以脂為肌、以蠟為膚的假蠟燭那麼愛為他人「垂淚」吧！

在大約 2200 年前製成如此精緻的蠟燭，在其先，製蠟當有相當古老的歷史。前已述及，早在春秋戰國之時，古人已用蠟雕製青銅器模型，並用以點簧調律。即古人早已熟知蜂蠟的可塑性和可熔性，那麼難道先秦人竟從未發現蜂蠟的可燃性，以及燃燒時

畫面表現了在庭院過元宵節的場景，燈火輝煌，燈具精美

光的明淨嗎？論理，古人當知，必知。可是，從文獻到實物，卻不見蹤影。

明代人羅頎著《物原》曰：「成湯作蠟燭。」如果是，中國的蠟業當奉成湯為祖師，中國的蠟燭史也可以推移到距今 3600 年前了。然而，作者錄事，行文，皆不注出處，這就難以令人信而無疑了。

可是，細思之，也未必盡妄，或許也有其「合理的內核」。古代製作庭燎，即有灌注蜜蠟的。賈公彥《周禮注疏》說，製火燭，「即以葦為中心，以布纏之，飴蜜灌之，若今蠟燭」。

這種古風，今日在雲南彝族、白族、納西族、拉祜族、傈僳族中仍有餘韻。這些民族，年年六月要過火把節，祈求豐收。他們以竹、木紮製作火把，中間夾放松明，即富含松脂的松木，以便易燃。有的地方不僅製有松明火把，同時也做蜂蠟火把。點燃後，走在街頭田間，蠟淚滴得越多越好，以象徵穀穗顆粒飽滿，預兆豐收。

世間任何事物的發展，莫不是從小到大，從簡到繁，有著初萌、發展、成熟、鼎盛、衰敗、滅亡的各個階段。蠟燭雖小，其規律亦如此。依此看來，上述蜂蠟火把，以及古代的灌蜜庭燎，可謂是蠟燭的原始形態。先秦脂燭已盛行，卻未見蠟燭。可能當時黃蠟還是較為貴重的，未廣泛用於製燭。大約在秦漢之際，蠟燭首先在南國興起。東漢以後，方逐漸普及開來。唐代，則是蠟燭的盛世。這時，不但有會奏樂的「仙人燭」，還有鬱烈之氣可聞百

西漢長信宮燈

設計巧妙，宮女一手執燈，另一手像在擋風，實為煙道，用以吸收油煙。燈罩可以左右開合，調節光線強弱和方向

步的「異香燭」。這種異香燭，有加麝香的，也有加沉香、龍涎香製成的。龍涎，是抹香鯨病胃中的一種分泌物，其味奇香，為珍貴香料。此外，還有忽明忽暗的魔燭，亦稱「戲燭」。花樣翻新，不一而足，難以詳論。

最後，補充說明一點，即西方蠟燭有史 5000 年的結論，那是根據在埃及和希臘克里特島所發現的燭臺作出的。當時點燃的究竟為蠟燭，還是脂燭，仍有待進一步考證。但知，遲到中世紀，當東方宮廷燃起「音樂蠟燭」、「龍涎香燭」之時，歐洲用於照明的所謂蠟燭，仍為脂燭，即牛油蠟燭。

沒油沒電，走馬燈怎麼轉起來？

兒時，在鄉間過正月十五，戶戶結彩，家家張燈，十里八鄉一眼望去，猶如地上星空，美極了。男男女女，放燈賞燈，歡聲笑語，熱鬧非常。可是，我們孩子們卻被那千姿百態的走馬燈吸引住了，如醉如癡。

這小小走馬燈，雖是玩物，可卻體現了古代東方人獨特的智慧，受到世界有識之士的讚歎。

關於走馬燈的起源，在英國曾有一種說法，說它是在 1836 年由麥可・法拉第發明的。這顯然不對。約翰・巴特早在 1634 年著的《自然和藝術的奧祕》一書中，即對中國的走馬燈做過描述，比法拉第早約 200 年呢！

走馬燈究竟始於何時？這問題非但異國學人說不清，即使在中國也眾說紛紜，莫衷一是。

談到這裡，不能不提及一個有趣的民間故事。

相傳，北宋名相王安石約 21 歲時，正逢大比之年，赴京趕考，路經馬家鎮，見一大戶門前高懸一走馬燈，上書半聯：「走馬燈，燈走馬，燈息馬停步。」旁有告示，曉示人等，有對得上下半聯者，馬家千金小姐願以之為東床佳婿。王安石看後連稱好聯，但因趕考心切，只好匆匆趕路。

他來到京城，在考場上交了頭卷。主考官欲再試其才思，令其聯對，遂指廳前飛虎旗口占一聯：「飛虎旗，旗飛虎，旗卷虎身藏。」王安石不

《觀燈圖》
【南宋】李嵩 繪
畫家繪出了元宵節期間
的花燈：畫面背景是三
盞用燈棚懸掛的大燈，
兩名童子一提兔兒燈，
一提瓜形燈，旁邊的桌
子上還放著一隻走馬燈

聽古物在說話：
從飲食、娛樂到禮俗文化，原來古代生活好愜意！

假思索，隨口對曰：「走馬燈，燈走馬，燈息馬停步。」主考官拍案稱絕，大為讚賞。

王安石高榜得中，返鄉時又路經馬家鎮，想到那一聯之功，就特地去拜見馬員外。員外見其為新科才子，遂提及那走馬燈聯，王安石又隨口以「飛虎旗」句對。員外大喜過望，遂嫁女完婚。

王安石一聯得雙喜，遂順手寫下了一個大雙「喜」字貼在門上，並題詞曰：「巧對聯成雙喜歌，馬燈飛虎結絲羅。」

據說後來中國人結婚都要貼大紅的「囍」字，就是從此開始的。

假若這個故事可信，那麼，走馬燈在北宋時即已廣為人知。以王安石21歲計，那是慶曆元年，即西元1041年，也就是說，走馬燈至少已有上千年歷史。

然而，這畢竟是民間故事，不足憑信。科學史研究者大都依據文學家范成大的詩文記載，認為南宋時才有走馬燈。

范成大的記載錄於《石湖居士詩集》。石湖居士是范成大的號。詩集中有一首記敘蘇州正月十五上元節燈會的詩，名「上元紀吳中節物俳體詩」。詩中描繪了千姿百態的燈，諸如飄升天空的孔明燈，在地上滾動的大滾燈，以及「轉影騎縱橫」的走馬燈等。當時似尚無「走馬燈」之名，詩人自注稱為「馬騎燈」。

喜字碗

《明憲宗元宵行樂圖》（局部）

　　「馬騎燈」是中國古籍有關走馬燈的最早記載。詩人所記為南宋淳熙十一年（1184年）的事。

　　這一結論是有確切根據的，似乎是無可爭辯的。然而，中國科學史家的這一定論，卻被一位波斯詩人推翻了。

　　歐瑪爾・哈亞姆寫下了一首哲理詩，認為人生在世，如同走馬燈，你上場來他下場。這首詩於1857年為英人愛德華・費茨吉拉德譯成了英文，從而名揚世界。中國文豪郭沫若先生曾將此詩依英文譯成中文：「我們是活動的幻影之群，繞著這走馬燈兒來去，在一個夜半深更，點燃在魔術師的手裡。」

　　後來，學者張暉先生又依波斯原文譯出：「我舉目仰望廣闊恢宏的天穹，把它想像為巨型的走馬燈，太陽好像燭焰，世界恰似燈籠。我們則猶如來回遊動的圖形。」

　　「走馬燈」一詞，若依波斯文直譯，應為「暢想之燈」，或「轉動之燈」。然而，波斯學者也斷然認為，這詞所指即中國的走馬燈。穆罕默德・馬赫迪・福拉德萬德博士在《論哈亞姆》一書中指出：「這種燈，

　　在哈亞姆之前，係由中國傳入。」他在書中還依中國的發音寫出了拼音，依中文寫出了「走馬燈」幾個字，以示確鑿無疑。

　　哈亞姆是在王安石 20 歲那年出生的，即西元 1040 年，逝世於 1123 年。因之可以判定，早在王安石所在的北宋時代，中國不但已有走馬燈，而且已傳入波斯。如此說來，王安石的民間故事雖不盡然可信，可在王安石時代走馬燈已問世，當是可信的。

　　走馬燈有兩大特點：一是利用熱氣流做動力；一是以渦輪裝置帶動燈上畫面轉動。若依此兩點溯源，它在那波斯詩人提到它以前，至少已有 1300 多年的發展史。

　　《西京雜記》記載：「高祖（劉邦）初入咸陽宮，周行府庫，金玉珍寶，不可稱言。其尤驚異者，有青玉五枝燈，高七尺五寸，作蟠螭，以口銜燈。燈燃，鱗甲皆動，煥炳若列星而盈室焉。」螭，傳說中無角的龍。據此記載，秦宮中那作蟠曲之狀的龍燈已經是利用燃燈時所產生的熱氣流掀動龍身上鱗甲的一種燈具。劉邦入咸陽為西元前 206 年。

　　無獨有偶。《西京雜記》還記載：長安有巧工丁緩，曾造「九層博山

鎏金銀竹節柄青銅博山爐

爐」。這是一種熏鑪，上飾層層山巒，山巒中藏有種種奇禽怪獸。當爐內點燃熏香，爐上的鳥獸就圍繞山巒轉動起來，出出沒沒，堪稱奇觀。這轉動的熏鑪與走馬燈雖非一物，可其原理卻是相同的。

說到巧工丁緩，就不能不提及他的另一件發明，即「被中爐」。其製「設機環轉運四周，而爐體常平，可置之被褥」，故得名。這種被中爐，在出土的晉、唐文物中多次發現。它也是一種熏爐，呈球形，故稱「熏球」。唐人也稱之為「香囊」。球內有燃香的小盂，由兩個持平環架起。無論球身如何滾動，其中的香盂卻因重力作用，總保持水平狀態，盂中香火不會傾出。這種機環的原理與現代航空陀螺儀的三自由度萬向支架的原理是相同的，實為中國古代機械史上的一項重大發明。

前曾提及，吳中上元節燈會中有種大滾燈，其中所安置的當是這種機環，不管怎麼滾動，其燈燭都是上下垂直的。從丁緩創造被中爐，到南宋大滾燈的出現，其發展也經過了 1300 多年。

蟠螭銜燭燈，也是不斷發展的。唐太宗有首《詠燭詩》，其中有句曰：「九龍翻焰轉，四照迎花生。」這唐宮裡的九龍翻轉，四室生花與秦宮中「燈燃鱗甲動，煥炳若列星」相比，更為多姿多彩。唐玄宗舉行宴會，燈具甚多，故名「臨光宴」。燈具有「黃龍吐水」、「白鷺轉花」等。這後者，不就是走馬燈的前身「轉鷺燈」嗎？前已述及，波斯文中的走馬燈，直譯不就是「轉動的燈」嗎？

《明憲宗元宵行樂圖》（局部）【明】佚名 繪

明朝的元宵燈會搭建的「鰲山燈棚」，燈山自上而下分為四排，懸掛不同樣式、圖案的彩燈，並穿插掛有仙人

　　唐代的燈具，有更奇異的。

　　陶谷《清異錄》記載，唐懿宗為了給愛女同昌公主祈求冥福，曾將一台「仙音燭」賜給長安的安國寺。何謂「仙音燭」？即能夠奏出音樂的燈燭，「其狀如高層露臺，雜寶為之，花鳥皆玲瓏。臺上安燭，既點燃，則玲瓏者皆動，丁當清妙。燭盡絕響，莫測其理。」

　　《清異錄》所記，雖多新奇之事，但屬紀實，是可信的。因此可以說，早在唐代，已具有製作比走馬燈更為高妙燈具的技藝。走馬燈，倒是因其製作簡易，方得以普及開來罷了。

孔明燈是由蛋殼創造出的燈？

　　孔明燈，是走馬燈的姐妹燈。

　　走馬燈的奧妙，在於它在中心軸的上部平裝有一葉輪，俗稱「傘」。葉

輪上葉片的裝置方法，與小孩玩的紙風車相似。當其下點燃燈燭，熱氣流上騰，便推動葉輪旋轉，以之為動力，帶動中心軸與外圈的畫片轉動起來。

走馬燈是對熱氣流的巧妙利用，科技史家視其為現代燃氣渦輪機的始祖。

走馬燈可以帶動畫面連續旋轉，其畫面早在宋、元時即已有成系列的節目。如「火燒咸陽」、「赤壁大戰」等故事。清代康乾時期，走馬燈被裝入暗箱，外開窺視孔，民間藝人以之在街頭招攬兒童觀看，很有古早電影的味道。英國李約瑟博士即認為，保持圖像動作的連續性，是電影的基礎。最早應用電影原理的，就是中國的走馬燈。

孔明燈的奧妙，不是利用熱氣流動推動渦輪旋轉，而是利用熱氣浮升帶動燈具上升。其構造，是用竹篾紮成一個球形燈架，上方不留出口，糊上紙勿令漏氣。燈下點燃松脂，燈內充滿熱空氣，即可冉冉升空。南宋范成大在描述那「小球燈」和「大滾燈」時，有句曰「擲燭騰空穩，推球滾地輕」。的確，這種松脂燈點燃後，向上一托，就穩穩當當騰空而上了。

銀首青銅人形燈

五代時還沒有信號彈，有位叫莘七娘的女子，就曾用這種松脂燈作為戰爭中的信號燈。

這種松脂燈是誰發明的？已不可考。因之，它在民間傳說中就被歸於中國聰明智慧的化身諸葛亮名下。諸葛亮，字孔明，所以得名「孔明燈」。

孔明燈的原理，早在西漢《淮南子·萬畢術》中就有記載：「艾火令雞子飛。」方法是「取雞子，去其汁，燃艾火納卵中，疾風，因舉之飛」。意思是利用蛋殼，中燃

艾絨，利用熱空氣浮升的原理，蛋殼可飛上天空。當然，古人也知道，那蛋殼在通常情況下是飛不起來的。還得有「疾風」，有人「舉之」。早在大約 2100 年前，古人能夠提出這種原始熱氣球的原理，是難能可貴的。後來，當把蛋殼擴大成一個如同水桶大小的孔明燈，浮力大於燈體的重量時，不就真的飛上天了嗎？

　　從空蛋殼到孔明燈，從鱗甲動到走馬燈，它們顯示了古代中國人的聰明才智，顯示了中國古代科學技術的光輝。

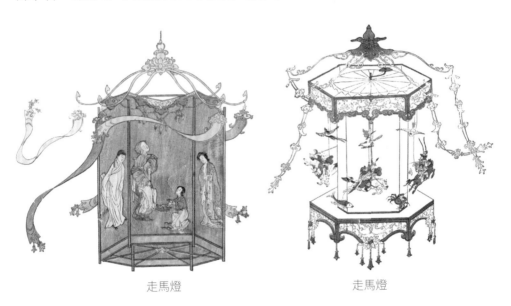

走馬燈　　　　　　　　　　　　　走馬燈

度量衡

相傳，秦末與劉邦爭奪天下的項羽，身材魁偉，「堂堂八尺」。戰國趙將廉頗飯量很大，「日食斗米」。果真如此嗎？今人難道都變得個子小，吃得也少了？要弄明白這些問題，我們還得從度量衡的源流說起。關於它的起源，主要有四說：黃鐘說、秬黍說、人身說、多元說。

古代由聲律來定度量衡？

　　黃鐘說，由來久遠。《呂氏春秋‧古樂》中有個伶倫制律的故事：

　　黃帝要制定樂律，即確定樂音的音高標準。樂官伶倫就到大夏之西、昆侖之陰，在解谷裡找到了一些竹子，製成了 12 枚 3 孔律管，名叫龠。

他又在昆侖山下聽鳳凰的鳴叫，校正龠音。那 12 枚律管，有 6 枚與雄鳴相應，稱「六律」，也叫「陽律」；另 6 枚與雌鳴相和，稱「六呂」，也叫「陰律」。合稱之又叫「律呂」或「十二律」。據說從此神州大地上才有了樂律。律呂各有專名。六律是黃鐘、太簇、姑洗、蕤賓、夷則、亡射；六呂是大呂、夾鐘、仲呂、林鐘、南呂、應鐘。其中「黃鐘」為律呂之首，即標準音高。

　　但「黃鐘」是音樂上的事，同度量衡有什麼關係？據中國最古老的度量衡專著《漢書‧律曆志》說：度量衡就是從那能吹奏出黃鐘樂音的律管起源的；那律管的長度，即度制的起源；那律管

十二律圖

的容積，即量制的起源；那律管所容穀物的重量，即衡制的起源。

度量衡制，肇於黃帝，成於漢世，源於黃鐘。這就是「黃鐘說」的基本論點。

自「黃鐘說」問世以來，有 2000 餘年，它一直是中國度量衡起源的權威性學說，未見有人提出疑問。

在世界度量衡史上，它的起源亦有各種學說。可是，將它的起源與樂律聯繫起來，卻只有東方。可以說，「黃鐘說」獨具中國文化特色。

這裡附帶說一下，考古學家 1987 年宣布，他們發現了一批古老的七孔骨笛，經測音，已具有五聲音階，也符合七聲音階。它們是在中原舞陽縣賈湖遺址出土的，故被稱為「賈湖骨笛」，也稱「舞陽骨笛」。

我們知道，管類發音，和管長、管徑、音孔的距離有關。當管長、管徑確定後，音孔的距離則是發出音階正確與否的關鍵。音孔的距離與發音的高低有一定的數理規律。這個規律就叫律制。製作管樂者，不掌握律制是製作不出合格的樂器的。製作時，也必定有度量的方法。這種方法中原的賈湖先民已經掌握，否則，他們製作不出那既符合五聲音階又符合七聲音階的一批骨笛。賈湖先民生活的年代，比黃帝和伶倫的時代還要早幾千年，距今有 8000 年了。它也表明，中國度量衡與樂律的歷史一樣，都是相當古老的。

排列黍穀便成人人能用的計量尺？

黃鐘說認為度量衡皆起源於那黃鐘律的律管。可是，若問那個叫「龠」的律管的長度、容積，以及與容積有關的重量究竟是怎麼「生」出來的，它就不能自己回答了，就得借助於秬黍說。

秬黍說認為：

度，是黍的寬度，1 黍的寬度為 1 分，10 黍為寸，百黍為尺，故古代又稱尺為「黍尺」。

量，是黍粒的體積，1200 粒裝滿的竹筒叫一龠，合龠為合，10 合為升，10 升為斗。

衡，它依據的是黍穀的重量。10 黍為絫，百黍為銖。1 龠 1200 黍，即重 12 銖。兩龠即 24 銖，叫 1 兩。斤兩的兩，就是緣此而得名的。16 兩為斤，30 斤為鈞，4 鈞為石。

以黍量黃鐘律管，其長 90 黍，即 9 寸；可容 1200 黍，即 1 龠；其重為 12 銖即半兩。依此而論，律是從黍穀所生。這叫「造律以黍」。

「造律以黍」用的是什麼黍穀呢？《漢書·律曆志》說：「以子穀秬黍中者」，意即穀物中的秬黍，還要選「中者」。

「秬黍」是什麼？古人都認為是一種黑黍。但古代黑黍也有好多種，究竟是哪一種呢？明代學者朱載堉在《律呂精義》中指出：「軟而堪釀酒者名秬，硬者堪炊飯者名穄（即稷，也叫糜子）。一稃二黍者名秠（黑黍之一種，一穗三四實，每實中有二米）。律家所用唯秬而已，穄與秠弗堪用。」但也有異說。清代學者吳大澂說：「黑秬黍，即今日之高粱米，以河南所產者為準。」

「中者」何謂？唐人顏師古說是「不大不小」。還有的說是經篩子選出的。朱載堉卻另有獨見，認為「中者」，是指合用者，不是中等中號之「中」，是「中用」與「不中用」之「中」。什麼樣的方「中用」？他說頭等大號者為佳。其根據是「秬黍」的「秬」字，其字從「禾」從「巨」，即禾穀中巨大者之意。

黍穀不只粒有大小，其形亦非正圓，所以，如何排列，也是個難題。古人怎麼排呢？漢人斜絫，唐人橫絫，後周縱絫，宋與清縱橫皆用。康熙皇帝曾親躬累黍，橫排百黍為樂律尺，縱排百黍為營造尺，俗稱「累黍定尺」。

因歷代尺度有差，對黃鐘律管的長度記載也不一，除 9 寸說外，還有 8 寸 1 分說、1 尺說。有趣的是，朱載堉竟然以排累方式不同，而將其調

和起來了。他說選用上黨所產的大個黑黍，縱排 81 枚，斜排 90 枚，橫排 100 枚，其長度相等。從而得出結論，黃鐘律管的長度自古以來是不變的，只是黍尺的排列方式有差。其實，古制粗疏，未必像如是所說精密。

　　古代以穀物作為計量之標準，並非只有中國。西亞、歐洲都曾有以麥粒為度量起源的傳說。中國是黍粟的故鄉，故選用秬黍為準。可以說，「秬黍說」在世界上度量衡起源於穀物諸說中，獨具黃河文明的特色。

項羽 8 尺，到底是多高？

　　相傳，英碼的長度，原是依英王亨利一世（1068—1135 年）的鼻尖到大拇指長度而定的。中國也有個古老傳說：古代治理洪水而聞名的大禹，「聲為律，體為度」，從而生出了度量衡。這類傳說也許是虛妄的，度量衡不可能以哪一個人的聲音、身體長度為準。但是，這虛妄之中也透漏出一些原始資訊，即度量衡的起源或與人體自身有密切關係。「人身說」就是這樣主張的，它

新莽新嘉量

它是王莽始建國元年（西元 9 年）頒行的標準量器，龠、合、升、斗、斛五量具備，故名嘉量。正中的圓柱體的上部為斛，下部為斗，左耳為升，右耳上截為合，下截為龠。器外有銘文，分別說明各部分的量值及容積計算方法

列舉出一系列證據。諸如：

尺，起源於人們用手量物。《孔子家語》說：「布手知尺，布指知寸。」至今，在中國從北到南，到處可見這種古老遺風。西南少數婦女織布，仍多以拃計量。中原木工看樹木，也多以手拃，樹圍長度的單位量詞是「手」，稱「幾手粗」。現存的商代骨尺和牙尺，其長度在 15 公分至 17 公分，約為婦女一拃之長。漢語中稱男子為「丈夫」，若以今尺度之，高達 3.3 公尺，就都成了巨人。古以一拃為一尺，10 拃為一丈。以商尺來計，丈夫不過 1.5 公尺至 1.7 公尺。項羽 8 尺，是以秦漢尺度計量的，約 1.85 公尺，也夠得上大個兒了。

東方以手為尺，西方則以腳長為尺。英語中腳與尺為同一個詞。

寸，來源於手指的寬度。以手指寬度計量，至今也在沿用。北方農民在雨後刨開濕土，量量有幾指深，即曰「幾指雨」。商尺上已分 1 尺為 10 寸。每寸約寬 1.6 公分，相當於婦女的指寬。

跬步，作為長度單位則起源於走的動作。《說文解字》解釋：「跬一舉足也，倍跬謂之步。」即一抬腳叫一跬，兩跬叫一步。古文「步」字，畫有兩腳，是個象形兼會意的字。今日稱「步」則為一舉足。相當古代的半步。

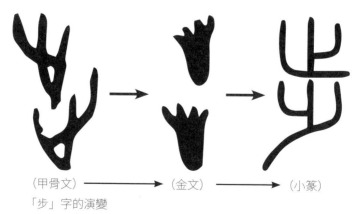

（甲骨文）──────→ （金文）──────→ （小篆）
「步」字的演變

《乾隆鑒古圖》
圖左方的器具是新莽新嘉量

　　溢與掬，是古代的量詞，起源於手。《孔叢子》曰：「一手盛為之溢，兩手謂掬。」溢即一大把，手盛不住，往外溢出。掬，即一捧。古文「掬」字，就是兩手捧米的象形字。雲南獨龍族，至今買賣黃連、貝母等藥材，不稱量，而以把、捧論價。

　　挑與擔。在度量衡的起源序列中，度最先，而衡較晚，故許多重量單位與人無直接關係。但至今柴草等粗物的計量，仍以挑、擔為量詞，如一挑柴、兩擔糞。其標準是人肩通常所能負荷的重量。

　　說者還認為，度量衡的起源，不僅與人體密切相關，並且是與人類俱

來的。當猿人打製第一塊石器時，石塊的大小、輕重即為打製者所注意，度量的觀念實際已開始萌生了。

廉頗日食斗米，到底有多大飯量？

多元說者認為，度量衡作為一種計量制度，它的起源與人的身體有關，可卻不限於人身，其起源是多元的。它也列舉了一系列證據。諸如：

長度。尺、寸，與人手有關，尋為人的雙臂張開之長，仞與人身等高，都與人身有關。但是，比寸為小，比尋再大的長度單位，超越了人身所能企及的長度，就與人身無關了。寸以下的分、釐、毫、絲、忽，則與牛、馬、兔、蠶有關。古人說「十馬尾為一分」（《易緯‧通卦驗》）；「釐者犛牛尾毛者也」（《宋書》）；「毫，兔毫也，十毫為一釐」（孟康語）；「蠶所吐絲為忽，十忽為一秒」（《孫子算經》）。北宋以前有「秒」無「絲」。至宋始改「秒」為「絲」。尋以上的長度單位有里、舍、信等。里，本義指居民點。從此里至彼里的距離，稱之為「里」。今日鄉間計算距離，往往說「過了這個村，再過兩個村就到了」。今之村，即古之里。舍，指居住的房舍，行程一日，要住宿，故一天的路程曰「舍」。後以 30 里為一舍。兩天的路程叫「信」。《詩經‧有客》曰：「有客宿宿，有客信信。」宿，為住一夜，

小販肩扛不等臂秤

信，為住兩夜。「信信」就是住四天，用以表里程，就是四舍，120 里。

面積的計量，古人用几、筵計算室內面積。《考工記·匠人》曰：「室內度以几，堂上度以筵。」几的長度一般為 3 尺。筵是鋪在地上的座席，一般長 9 尺，寬約長的 1/3。《考工記·匠人》談及明堂的面積，則曰：「東西九筵，南北七筵。」古代中國的筵，類似日本今之榻榻米。日本也有以榻榻米計量室內面積的習慣。

田地的面積，不能以席子來計算。初始，只論塊的，有幾塊田。西周的鼎銘中，有王賜臣下「田十田」的記載，即土地十塊的意思。當時尚未出現畝積的精確計量。雲南的傈僳族、納西族、怒族、白族等族，其地多少以牛耕而論。如兩牛耕一天的土地，稱「一架田」，約有 2 畝。牛耕地時，一天中間要歇三次，即中午一次，上、下午各一次，所以約有半畝地時，則稱「牛歇一氣」。

秦權

秦權，即秦代秤砣，多為半球形，權身底部凹陷，權體一般環刻銘文，為秦始皇、秦二世詔書

戰國商鞅方升

商鞅任「大良造」時所頒發的標準量器，也是秦統一六國後造量器的標準器具

容積，小如一撮，大如一捧，都與人手有關。當無法用手計量時，則得借助於容器。比如中國南方收穫稻穀，多以籮計，籮以擔挑，故兩籮叫一挑。這種籮編製的大小都相差無幾。雲南瑞麗傣族編製籮筐，到最後收邊時，便邊編邊校，合於標準了才收口。一般盛稻穀為 18.5 公斤。古代有量具斗、釜等。其實，釜，原就是做飯用的鍋，斗就是盛酒用的大勺。久而久之，由用器演變為量具了。

　　趙國老將廉頗日食斗米，實際是一大勺米。依先秦量制折合為今制約 1.25 公斤。當然，這也是大飯量了。

《清明上河圖》（局部）【明】仇英 繪

聽古物在說話：
從飲食、娛樂到禮俗文化，原來古代生活好愜意！

　　合，為量稱，原為兩龠，即將兩龠合在一起為一合。故《漢書》曰「合龠為合」。它是動詞轉化而來的量詞。

　　重量的計量，起源較晚。春秋時代，在楚國出現了天平和砝碼。它是被用來稱量黃金等貴重物的。東漢時，出現了不等臂的天平，即秤。北宋時方製成精密小秤戥子。其發展與對槓桿原理的認識和應用相表裡。計重的一些單位，如斤、兩、錢，也各有由來。「斤」的本義是一柄銅斧的重量。「兩」，前已敘及，「兩銖為兩」。它是由數詞轉化而來的量詞。「錢」的出現是在唐代。西元 621 年，朝廷鑄造的「開元通寶」，每枚重 2 銖 4 累。10 枚重 24 銖，恰為 1 兩。從此，凡 1/10 兩，即不再稱幾銖幾累，而曰一錢。錢從貨幣名稱又獲得了量詞的意義。

　　綜而觀之，度量衡但凡超出人身可及的，皆與人身無關。它的起源，包括人身在內，是多元的。

茶

古人的飲食・清歡

茶的故鄉在亞洲，在中國，是中華民族的先民將之由野生培育成一種
農作物，創造了製茶的技術以及飲茶的藝術，成為中國古文化的一大
特色。影響及於東方，今日則飲譽世界，成為世界文化精粹之一。
然而，飲茶究竟始於何時？茶道，即茶的藝術的源流，茶文化如何東
渡，又是怎樣走向世界的？這些問題，至今學者們還在孜孜探索。

茶的故鄉究竟在何處？

　　茶，成為中華文明的一大特色，並不是因為中國是茶樹的
原產地，正如印度有野生大茶樹，卻未培植出自己的茶文化，
而是 1780 年才從中國廣州引進茶籽開始種茶。中國成為茶的祖
國，主要在於中華民族的先民最早認識了茶的功用，才在漫長
的歲月中逐漸形成光彩奪目的茶文化。那麼，在中國，是從何

《趙孟頫寫經換茶圖》（局部）【明】仇英 繪

時何地最早開始飲茶的呢？

飲茶在中國這麼一個大國，不可能起源於一時一地。茶文化是在漫長的歲月中，經過千百萬人的實踐，逐漸形成的。各地飲茶的先後是有所不同的。中國飲茶，以長江上游的巴蜀為最早。茲述如下。

茶的古稱，至晚先秦時蜀地已有了。西元 16 年成書的《方言》記載：「蜀人謂茶曰葭萌。」原來，2000 多年前四川土話把茶叫「葭萌」。《漢志》記載西漢初四川設有一個「葭萌郡」，換成官話說，就是「茶郡」。這郡為什麼叫「葭萌」呢？《華陽國志》記載，先秦時，末代蜀王有個弟弟叫葭萌，封在漢中，號苴侯。因此，苴侯所在的那個城邑就稱「葭萌」了。秦國於西元前 316 年滅巴蜀。秦亡漢興，改葭萌邑為葭萌郡，其地望在今川北劍閣東北。

我們知道，在古蜀歷史傳說中，蜀王的名號往往同其歷史業績有關。如蜀王蠶叢，相傳是馴育野蠶為家蠶的人。又如蜀王魚鳧，相傳是馴養魚

圖中的烹茶之器是一具風爐，這裡採用的烹茶方式是煎茶

鷹幫助捕魚的創始人。那麼，這位以茶為名的蜀王弟弟葭萌，是否就是中國最早的一位吃茶者呢？無論怎麼說，他的名字記錄並說明在西元前316年以前，即古蜀國的傳說時代已有茶的名稱了。

　　秦滅巴蜀，當知巴蜀物產中有茶，但歷史上疏於記載。西漢時，蜀人司馬相如著《凡將篇》，其中談及21味中草藥，茶就是其一。可知西漢初蜀人仍視茶為藥物。

　　但比司馬相如稍晚的辭賦家王褒在其名作《僮約》一文中，已明確提

《玉川先生煎茶圖》【清】金龍 繪

好茶須配好水，玉川先生烹茶的水是僕人用細長柄舀子當場汲來的

到「烹茶盡具」、「武陽買茶」。從而可知，大約在西漢，蜀地已飲茶，並已形成茶的市場。位於今四川成都以南鼓江縣的雙江鎮（原名武陽鎮），為中國歷史上最早的茶葉市場。

西漢初，不僅蜀地有「葭萌郡」，長沙國屬下還有個「茶陵縣」，在今湖南株洲地區。茶陵之得名，《茶陵圖經》上說因其「陵谷生茶茗也」。也有的書上說，其地理位置，「於茶山之陰，故名」。當時湖南不但有「茶山」，還有以產茶著稱的縣，當時應已知種茶、賣茶和吃茶。

如果說，雲南、川南為茶樹的原生地，那麼，早在2000多年前的西漢初期，茶樹向北發展，已橫跨長江上游兩岸並及於中游的南岸了。西晉時，茶樹已發展到岷江流域。杜育的《荈賦》（荈，茶的古稱之一）就描寫了當時岷江流域的茶樹「彌谷被岡」的盛況，以及初秋之時，村姑結夥滿山採茶的熱鬧情景。

同時，成都城裡，老太太上街擺起茶攤賣「茶粥」了。當時不僅有茶攤，也有茶樓。晉人張孟陽去成都，賦《登成都白菟樓詩》，讚頌「芳茶冠六清，溢味播九區」。說在水、漿、米酒等六種飲料當中，茶最芳香，並說蜀地茶香早已散播到九州。

從「葭萌」之名，到「芳茶」之譽，從先秦到西晉，蜀人飲茶已出現空前盛況。

附帶說及，從西晉到當代，成都茶館之多，飲者之盛，一直是獨有的一大特色，歷時1600多年，可見茶鄉特有的古風遺韻。

中國何時何地開始飲茶？

三國時，長江上游的「南中茶子」已成為全國名產，可在長江下游的東吳，茶茗還是吳主宴會上的高級飲料。

史載，吳主孫皓，每每舉行竟日的宴會。他規定，凡參加宴會都得喝酒七升。可是，德高望重的宰相韋曜卻不能多飲，孫皓就「密賜茶荈以當酒」。

孫皓所飲之茶，來自何處？據《吳興記》載：吳興郡治所烏程縣（今屬浙江湖州）西「有溫山，出御荈」。吳興郡，是孫皓在位的第三年即西元266年建制。其所出之御用茶，大概就是供吳主孫皓的。

綜上所述，可能在三國前後，東吳一帶已知飲茶，浙江北部也開始種茶了。

從韋曜以茶代酒開始，過了半個世紀左右，東晉初年，出了位飲茶成癖的人叫王濛。凡有客來，王濛必以茶相敬。當時，客人多不習慣飲茶，難耐其苦澀，可礙於情面，又不能不飲，深以為難。久而久之，凡要去拜見他，人們就相戲曰：「今天又有『水厄』了！」即今天又要遭遇那強飲苦澀茶水的厄運了！因了這個故事，「茶」得了這個貶稱，曰「水厄」。

又過了半個多世紀，到了南朝初期，劉宋女文學家鮑令暉著《香茗賦》，就不再說茶苦，而盛讚其香了。

從張孟陽在成都稱讚「茶芳」，到鮑令暉在建康稱譽「茗香」，其間相差一個半世紀左右，可知飲茶在長江上、下游的發展是有一個過程的。

從《香茗賦》問世，又過了半個多世紀，到南朝蕭齊時，齊武帝在臨終遺詔中說，在他死後，祭祀要從簡，不准用犧牲，只供些「乾飯、茶飲」就可以了，並詔令「天下貴賤，咸同此制」。可知，這時飲茶相當普遍，不分貴賤，大概這時石頭城裡也有老太太擺起茶攤了。

在長江流域上游的巴蜀，秦漢時代已知飲茶，下游的東吳，最晚三國時已知以茶代酒了。那麼，在黃河流域呢？在北方草原和青藏高原呢？

黃河流域何時飲茶？有人說，蜀人曾向周武王貢茶。那麼，有3000年了。但此說依據不足，難成定論。也有人說：「秦人取蜀，始知茗事。」秦滅蜀是西元前316年，距今2300多年了。然而，我們不能不注意到在北魏人楊衒之所著《洛陽伽藍記》中那「漏卮」與「酪奴」的故事，這是在秦滅蜀800年後發生的。

南北朝時，蕭齊名士王肅，因遭政治迫害，北投元魏，時在太和十七

《唐後行從圖》（北宋摹本）
【唐】張萱 原繪

《十八學士圖》（局部）【宋】佚名 繪

年，即西元 493 年。王肅生於江南，長於建康（南京），初到中原，居於洛陽，吃不慣羊肉，喝不慣酪漿（牲畜的乳汁），「常飯鯽魚羹，渴飲茗汁」。當時，洛陽人還不習慣飲茶，見這個南方人喝了一杯又一杯，就開他的玩笑，給他起了個綽號叫「漏卮」，即沒有底的杯子。

幾年後，王肅也漸漸習慣北方生活。有次參加殿宴，他舉杯大口飲奶粥，拿刀大塊吃羊肉。皇帝很驚奇，問他：「卿也適應中原口味了？羊肉比魚羹怎樣？茗飲與酪漿哪個好？」王肅說：「羊為陸產之最，魚乃水族之珍，茗飲不中，只能與酪為奴！」因了這個典故，茶又得了個別名曰「酪奴」。

北朝宴會，茶與奶並設，然而，人多以飲茶為恥，不肯飲用。也有喜飲者，卻往往受到鄙視，被罵道：「怎麼不好山珍海味，偏好南方奴才喝苦的水呢！」這種對待飲茶的態度，當然不無南北對峙所造成的政治因由，但主要還是南北方的生活習慣不同。

黃河流域飲茶到何時才比較普遍呢？那是在南北朝的對峙結束之後，

隋王朝統一了天下，南北社會文化才迅速地交融。據說，隋的開國之君文帝楊堅就是位嗜茶者。古語云：「上有好者，下必甚焉。」皇帝嗜茶，茶就不會再被鄙視為「酪奴」了。

唐代名畫有幅《唐後行從圖》。畫中在雍容華貴的武則天被前呼後擁地出行場面中，就有個手捧茶盞的仕女跟從在後。可見，唐代飲茶之風日盛，須臾也離不開了。

黃河流域飲茶，至盛唐出現了空前的盛況。「王公朝士，無不飲者」，「窮日盡夜，殆成風俗」。從關中的長安，到中原的洛陽，以及河北、山東等地，也就是在黃河中下游的廣大地域，大凡交通沿線，隨處都有茶攤、茶鋪，「不分道俗，投錢可飲」。江南各地的茶，源源北上，舟車相繼，所在山積。當時，不只江南、江北產茶，中原也產茶，以及黃河北岸也出產名茶了！朝廷看到茶已與鹽、鐵一樣，為百姓日常所需，有利可圖，故於唐德宗建中元年（780 年），開始向全國產茶之地徵收茶稅。

在長城腳下，這時已出現茶馬市場。遊牧於大漠南北、世世代代以飲

「酪漿」為生的回紇人，也成為嗜茶者，年年驅趕著騾馬牛羊、入塞市茶。從此，契丹、黨項、女真、蒙古等族與中原的茶馬交易，歷千年有餘，綿綿不絕。

在青藏高原，相傳飲茶始於初唐貞觀十五年（641 年），是那位藏漢的友好使者文成公主將茶葉、佛像和漢文化一起帶到了青藏高原。大約過了 140 年，西藏飲茶之風，已相當盛行了。史載：唐建中二年（781 年），唐使常魯出使吐蕃，烹茶帳中。吐蕃贊普問其所煮何物，常魯說：「煮的是滌煩療渴的所謂茶。」藏王說：「我們這裡也有，命人取來，一一指點，此壽州者，此舒州者，此顧渚者，此蘄門者，此昌明者，此瀦湖者。」其地遍及今浙、皖、湘、鄂、川五省，皆為當時各地之名茶，唐使聽了，也直咂舌！

古人先前把茶當藥用和蔬食？

在中國，飲茶歷數千年，大致經歷了藥用、蔬食、渴飲的三個階段，而後飲茶才逐漸分化出品茶的藝術。

每當談及茶的起源，人們就引用「神農氏嚐百草，一日遇七十毒，得茶而解」的傳說。這傳說恰好表明，在飲茶之先，茶曾經歷了一個「藥用」階段。在秦漢之際，茶主要還被作為藥用。中國的茶最初傳入歐洲時，也是當作藥物，只在藥房出售。當時，還不知茶可以蔬食呢！

三國時張揖著《廣雅》，稱飲茶曰「煮茗」；西晉時，傅咸在《司隸教》中說到茶，稱「煮粥」，就恰好反映出魏晉時，有人將茶的鮮葉採來煮食，連湯帶菜一起吃，將茶作蔬食，所以，才在煮茶時加米、加油、加鹽，煮成「茶粥」。有些則還要加

入薑、蔥、椒、桂、紅棗、橘皮、茱萸、薄荷等佐料調味。煮茶如烹調，吃茶如吃菜，這就是飲茶史上蔬食階段的特點。

當先民知道吃茶要光喝湯，不吃葉，才有了飲茶。如前述韋曜以茶代酒，王濛以茶敬客，人稱「水厄」，王肅「渴飲茗汁」，都是為解渴而飲茶，都可歸之於飲茶史上的第三階段，即渴飲階段。

渴飲出於蔬食，即使已不再蔬食，卻仍有蔬食的遺風。這種遺風，自古至今，一直延續著，並發展著。

在歷史上，唐詩有句曰：「鹽損添常戒，薑宜煮更黃。」可證唐人煮飲，還有蔬食時加鹽放薑的習慣。近年，在陝西扶風法門寺出土的一套鎏金銀茶具中，就有一件專放鹽和椒末的三足託盤，名曰「鹽臺」，可為一物證。宋人也如此。明朝還有的在茶中放入核桃、榛子、杏仁、欖仁、菱米、栗子、雞豆、銀杏、新筍、蓮肉等，煮茶好像熬八寶粥。清代有的地方飲茶像飲酒，還要以小豬肉、乾豆腐絲等小菜佐飲。

當今，中國許多民族中也有類似的風俗。比如蒙古族煮磚茶，要放入鮮奶，名曰奶茶。藏族在茶中放入酥油、鹽巴，叫「酥油茶」。維吾爾族也喝奶茶。有的地方的維吾爾族卻不在茶中加奶，而要放入桂皮、胡椒等香料。傈僳族、苗族、彝族、怒族

唐金銀絲結條籠子

唐代宮廷茶具中的茶焙。在空氣乾燥時，鏤空通風可以保持茶餅的狀態；當空氣濕潤影響茶餅後，透過懸空加熱讓茶乾燥。茶餅在這個過程中也可以發酵轉化

《攆茶圖》【南宋】劉松年 繪

畫面的左半部分描摹了宋代點茶茶藝從碾茶、煮水到注湯點茶的點試過程，以及所用的大部分茶具。一人持石磨碾磨茶葉，另一人左手持一茶碗，右手正往茶碗中注湯

都喜歡在茶中放鹽，叫鹽巴茶。

更有趣的是，類似風俗不僅流傳在茶的故國的邊遠地帶，也流傳於世界各地，形成各國各民族的飲茶風俗。比如歐洲人飲茶多加糖，俄國人飲茶喜歡加檸檬，紐西蘭人則在茶中放乳酪，摩洛哥人則喜歡放薄荷，喀什米爾人要放入鹽和大茴香。

當歷經藥用、蔬食、渴飲三個階段後，喝茶發展成一種藝術——品茗。

古代茶道高手如何煉成？

　　品茗藝術的創始者是唐朝的陸羽。他是世界上最早的茶道藝術家。在他以前，可謂「煮茶」，即將茶餅掰開，放入瓶中，大葉熬煮，並如前述，加薑、鹽等佐料。陸羽認為，飲茶貴在品飲茶的真味，若加薑桂，或煮之百沸，茶味全失，「斯溝渠間棄水耳」。他始創的煎茶法，要點在於如何保持茶的真味。煎之前，要將茶餅（那時還沒散茶）碾碎成末，以細籮篩過。要選擇水質好的水，泉水為上，江水次之，井水為下。煎之時，要掌握火候，待水初沸，水泡泛起，若魚眼、蟹目，即將茶末投入瓶（水壺）中，旋即分飲，令茶不失味。茶與水的比例也有嚴格規定。煎茶與品飲，還講究一定的禮儀。

　　品茶在晚唐及五代，從「煎茶」發展為「點茶」，出現了「湯戲」藝術。何謂點茶？點茶不同於煎茶的是不再將茶末在水沸時投入瓶中，而是事先分置於茶盞之內。待水已沸，提起瓶一點一點往茶盞內滴注。同時，用工具攪動盞中茶末，邊點邊攪，令水與茶彼此交融，泡沫泛起。古代稱沸水為「湯」，以瓶滴注叫「點」，故古代雅稱茶壺叫「湯提點」。那攪動茶末的工具是以竹片劈成的帚，名曰「茶筅」，以茶筅攪動的動作叫「擊拂」。點茶藝術，也是「擊拂」的藝術。

　　「擊拂」時，湯面泛起的泡沫曰「湯花」。擊拂的高手可以令湯面上的湯花幻化成各種形象，若花鳥蟲魚，若山川草木，纖巧有若繪畫。因之，這種點茶藝術又稱為「湯戲」、「茶百戲」、「水丹青」，從名可想見其形。

　　《清異錄》中記載，有個生於茶鄉，

《文會圖》（局部）
【北宋】趙佶

茶床上設有茶盞、盞托等物，一僕人手持長柄茶勺，正從茶罐中取茶粉放入茶杯。旁邊的茶爐上放置茶瓶，正在煎水，畫面再現了宋代分茶場景

長於茶海的和尚叫福全，精於湯戲。他點茶，每一盞中可生成一句詩，四盞連點，可成一首絕句。至於花鳥禽獸，更是唾手可得。天天都有施主來求他表演，圍觀。

福全也很自負，他對茶神陸羽也有微詞，賦詩曰：「生成盞裡水丹青，巧盡工夫學不成。卻笑當年陸鴻漸，煎茶贏得好名聲！」

宋代也有湯戲，時稱「分茶」。北宋的徽宗就是位茶藝專家，也擅長分茶、點湯擊拂，能令茶面呈疏星朗月，巧幻如畫。南宋詩人陸游也是位高手，他閒來無事，就以寫草書，玩分茶，自行消遣。

詞人楊萬里也是位行家，在〈澹庵坐上觀顯上人分茶〉詩中說：

分茶何似煎茶好，煎茶不似分茶巧。蒸水老禪弄泉手，隆興元春新玉爪。二者相遭兔甌面，怪怪奇奇真善幻。紛如擘絮行太空，影落寒江能萬變。銀瓶首下仍尻高，注湯作字勢嫖姚。

詩人點明，茶與水在兔毫盞的盞面上呈現出種種幻象，若悠遠的寒江倒影，千變萬化，銀瓶點湯，又令茶面幻化出疾勁的書法，端莊威嚴，猶若一個個將軍。詩人描寫顯上人分茶藝術的嫻熟，幾近於至巧。

的確，分茶為茶藝中的至巧，故為文人墨客所雅好。因之，它成為茶道中的陽春白雪，流傳不廣。這朵茶藝奇葩，其神韻或許與當今世界上的現代派繪畫頗有相通之處，可惜過早地凋謝了。

古人鬥茶比什麼？

點茶、分茶與鬥茶，都是茶的遊戲，可有所不同。點茶與分茶是表演藝術，是觀賞藝術；鬥茶卻若競技比賽，重在勝負輸贏。點茶與分茶難度較大，參與者自然較少，也可個人自娛；鬥茶容易，誰都能學，故而成為老百姓廣泛參加的一種遊藝活動，並形成幾百年的時代風尚。

鬥茶始於唐，有千年歷史了。最早出現在出產貢茶的建州（治所在今建甌）茶鄉，是新茶製成後，茶農評比新茶品序的一項比賽活動。它有比技巧，比輸贏的特點，富有趣味性。因之，不但有下場參加鬥試的，還有圍觀的，十分熱鬧。一場鬥茶的勝敗，猶如今之一場球賽、圍棋的勝敗，為廣大觀眾所關注。因之，唐稱「茗戰」，宋稱「鬥茶」。

　　鬥茶從茶鄉傳播開來，也就不再限於採製新茶之時，更不限於茶農，目的也從評比茶的品第，轉而成為評比鬥茶者點湯擊拂技藝的高低。久而久之，它風靡全國，成為上至帝王將相，下至農民挑夫的一項遊藝活動。它原來的農事性質也變成文娛性質了。

　　北宋有首《鬥茶歌》，對研究鬥茶的起源，是較早而翔實的史料。它出於大文學家范仲淹的手筆。茶歌說，春暖冰開，茶樹吐珠，家家歡聲笑語，穿雲踏霧，上武夷山採茶，然後，研膏焙乳，製出新茶。為選出最美的茶奉獻給當朝天子，茶農接著就開場鬥茶了：

　　「北苑將期獻天子，林下雄豪先鬥美。」

　　鬥場上是怎樣的情景呢？

　　「黃金碾畔綠塵飛，碧玉甌中翠濤起。」「勝若登仙不可攀，輸同降將無窮恥。」

五瓣葵口淺凹底祕色瓷盤

鬥茶開始了，茶碾滾動起來，如煙似霧的綠色茶塵頓時飛揚，碧玉似的茶盞裡，隨著鬥試者的點湯，恰到好處擊拂，湯花像波濤上的浪花，洶洶湧起……

鬥茶是有輸贏的，勝了的，好像一步登天，飄飄然，似乎高不可攀了；輸了的，垂頭喪氣，像個戰場上的降將，感到極大的恥辱。

詩中的「碧玉甌」，所指即色若碧玉的茶盞，也就是曾經成為陶瓷之謎的「祕色瓷」。1986 年，在陝西扶風法門寺塔的地宮中出土一批精湛的越窯青瓷，有茶盞、茶盤等。同出土的物帳碑上標明，這就是「祕色瓷」，從而這一千古之謎才得到確切而公認的解釋，並已確知它的故窯在今浙江省餘姚縣境，至今那裡的唐窯遺址猶存。越窯青瓷，為何不叫「青色」，卻稱「祕色」呢？宋趙德麟《侯鯖錄》一書中記載：「世言錢氏有國（指錢鏐稱吳越國王），越窯燒進為貢奉之物，不得臣庶用之，故云祕色。」因是給皇上的貢品，不准官員、百姓使用，才稱祕色。這祕色的「祕」，同「祕府」「祕閣」的「祕」意思相近。祕府、祕閣，原意為祕密藏書之所在。久而久之，成為皇家圖書館的專稱了。祕色瓷，原也是祕密燒造用以進貢的，久而久之，則成為宮廷所用越窯青瓷的代稱了。

北宋時，鬥茶藝術講究茶具，故以越窯青瓷為上。「碧玉甌」就說到這裡，再說鬥茶。

鬥茶決定勝負的標準是什麼？

「鬥茶味兮輕醍醐，鬥茶香兮薄蘭芷。」

這是《鬥茶歌》提到的兩條評判標準：茶味與茶香。

茶味，是說喝到嘴裡的口感，即茶的口味，標準是清甘為上，重濁為下。如果喝到口中像醍醐（純酥油）那樣純厚，反而被認為是低劣的。正因如此，製茶時要榨去茶汁。今天看來，這不是對茶的有效成分的嚴重破壞嗎？可古人卻說，建州茶，色味都過於重濁，不榨是不行的。

茶香，是指端起來可以聞到的氣味，茶香以茶的本味為上。如果茶的

氣味好像香草蘭芷，那也是鬥茶標準所鄙薄的。也因此，早期的貢茶，還加龍腦香等提高茶的香氣，後來認為這樣就掩蓋了茶的本味，貢茶也不加香料了。宋代還沒有花茶，以花薰製的花茶是元明時才發展起來的。

《鬥茶歌》提到的「茶味」和「茶香」兩條標準，重點還在於評比茶本身的品第、優劣，而未強調鬥試者的技藝。顯然，鬥茶這時還限於茶農的茶事。當鬥茶風靡全國之時，品評的標準也改變了。新的鬥茶標準，也是兩條：一是「湯色」，一是「湯花」。

湯色，指茶水的顏色，標準是以純白為上。青白、灰白、黃白，則等而下之。湯色是許多製茶藝術的反映。色純白，表明茶質鮮嫩，製作也恰

《柳下鬥茶圖》
【宋】李崇 繪

到好處；色偏青，是蒸時火候不足；色泛灰，是蒸時火候太過；色泛黃，是因製茶不及時；色泛紅，是烘焙過了火候。

湯花，是指湯面泛起的泡沫。品評湯花的優劣，也有兩條。

一是湯花的色澤。《鬥茶歌》談及湯花泛起，用「翠濤」來形容，顯然那湯花是翠色的。但是，後來則要求湯花的色澤以「鮮白」為上，因湯花的色澤與湯色兩者是密切相關的。

二是湯花泛起後，看「水痕」出現得早晚。如果茶末研碾得細膩，點湯擊拂都恰到好處，湯花勻細，有若「冷粥面」，就可以緊咬盞沿，久聚不散。這種最佳效果，名曰「咬盞」。反之，湯花泛起，不能咬盞，會很快渙散。湯花一散，湯與盞相接的地方，就露出「水痕」。所以，水痕出現得早晚，成為評判湯花優劣的依據。

當鬥茶成為一種遊藝活動時，品評茶的製作技術如何，漸成次要條件，而主要的標準就是看湯花，看水痕出現得早晚，早者為負，晚者為勝。因為這才是參賽者技藝高低的準繩。鬥茶多為兩人相鬥，不是一決勝負，也像今日的比賽規則，或三鬥兩勝，或幾鬥幾勝等。計算勝負的術語當時叫「相差幾水」。

「水痕」在鬥茶中從一般標準發展成決定性的標準，這從鬥茶用具也可以看出。

《鬥茶歌》中談到鬥茶用的茶盞，說是「碧玉甌」，即青瓷盞。「碧玉甌」與「翠濤」，兩相輝映，是一代風尚。後來，鬥茶的湯色及湯花的色澤都尚白，而茶具則講究用「建盞」，即建州窯燒製的黑釉盞。為什麼重白色、尚黑盞呢？宋人祝穆在所著《方輿勝覽》中指出：「茶色白，入黑盞，其痕易驗。」考古發現的建盞，在口沿下 1.52 公分處，有一注湯的標準線，盞中湯與線平，恰是鬥茶要求注湯至盞的 6/10，湯花泛起，則高出這一標準線，湯花一退，水痕在標準線處很快就顯現出來。顯然，這是為適應鬥茶以「水痕」為標準的需要而特地製作的。

《品茶圖軸紙本》【明】文徵明 繪

宋代，中國的茶與品飲藝術，隨著來華高僧的東歸傳入日本，作為鬥茶標準器具的建盞等，也一起東渡了。日本茶道興起，仿製建盞也獲得成功。至今在日本茶道中仍能見到它的痕跡。它是鬥茶與茶道有著共同的歷史淵源的見證。

工夫茶怎樣才算工夫到家？

品茶到明清時期，發展出瀹茶與工夫茶。

瀹茶，就是煮茶、烹茶。難道煮茶還有什麼藝術？為了具體說明，先說個瀹茶的故事。

明末，有位善於瀹茶的名士叫閔汶水，因其年事已高，人稱「閔老子」。原籍安徽，落籍福建。當時的名流雅士，凡經其地，識與不識，都去拜訪他，以能嚐得閔老子所烹之茶為一大快事。

有名士張岱來閩，慕名造訪。閔氏外出，至晚方歸，未語又出門去覓失落的手杖。再歸來時已初更，見客仍在息心等待，知其心欲品茶而後歸，甚喜，「自起當爐，茶旋煮，速如風雨」。於是，引客至一室，明窗淨几，案上擺設有古樸的荊溪壺（宜興壺），成宣窯小茶盞。這種小茶盞時有「片瓷千金」之譽。茶入盞，色若白金，香氣逼人，客人連聲稱「絕」。後來情景，客人在所著《陶庵夢憶》中憶道：

「余問汶水曰：『此茶何產？』汶水曰：『閬苑茶（地在四川）也。』余再啜之，曰：『莫紿

余（別騙我），是閩苑製法，而味不似。』汶水匿笑曰：『客知是何產？』余再啜之，曰：『何其似羅岕（地在浙江長興）甚也？』汶水吐舌曰：『奇！奇！』」

客人品出了茶的製法及產地，又接著問水。也是一個設謎，一個揭底，不但指出水質的優劣，還品出新陳、老嫩。汶水再次吐舌稱奇。那時瀹茶的風俗是，如果客人品出了茶道，揭出了蘊奧，主人則以更好的茶相待。

「汶水去是少頃，持一壺，滿斟曰：『客啜此。』余曰：『香撲烈，味甚渾厚，此春茶（春天所採者）耶？向瀹者是秋茶。』遂定交。」

從這個故事不難看到，瀹茶藝術，不是渴飲者所知，實為茶的一種鑒賞藝術。它講究品茶的環境要幽靜，所用茶具要古樸典雅。茶要名茶，水要好水，其中特別重要的一條是茶客要有涵養和風韻，要有品茶的工夫。如上述之客人，連茶的採摘季節都品出來了，其功力可謂深矣！

品茶到清代已發展成工夫茶。瀹茶要煮，工夫茶則是沖泡了，開今世泡茶之先河。如果說，瀹茶重在鑒賞，工夫茶則重在禮儀，以及那種品茶如禪定的藝術精神。

工夫茶主要流行於福建南部、廣東潮汕及東南亞一帶。工夫茶在各地程式不一，概略相同。以閩南為例，大致如下。

首先是賞茶，賓主三四人，入座後，主人取出茶來，講述其特點、風味。接著，客人依次傳茶聞香，鑒賞，接著品評，交談起茶經來。

接著，主人開始沖茶，表演其技藝。

溫壺。工夫茶所

炒茶

老蓮洪綬書武盧草藤書屋

《品茶圖》（局部）【明】陳洪綬 繪

用茶具，小巧玲瓏。茶壺雅稱「玉書碨」，大小如掌，容水４兩。所以，入茶之先，要沖入開水，以提高壺溫。溫壺之水隨之倒入茶船，即茶盤，以便繼溫壺底。

入茶。要用茶匙、漏斗，不用手抓，以防手氣影響茶味。所用茶，一般是烏龍茶，尤以鐵觀音更為名貴。茶之量約占壺容積的 2/3，甚至滿溢。其量之大，令人咂舌。

潤茶。入茶後，即沖茶，講究「高沖」，在茶壺上方５寸至８寸高，將開水猛沖入壺，令茶在壺中翻滾，溢出雜質。隨之，這壺水再倒入茶船。

泡茶。再沖入開水，撇去浮沫，蓋上茶蓋。這是第一道泡茶，為使茶壺內茶受熱均勻，並保持穩定的溫度，還要用開水在壺上澆淋，謂之「澆壺」。也有的用塊潔淨的毛巾澆上開水，覆於壺上。

茶泡好之後，主人就為

客斟茶。斟茶也有講究：

運壺。斟之先，用拇指和中指捏住壺把手，提起茶壺，沿著茶船船沿，悠然運行數周，目的是讓壺底上的水滴入茶船，免得斟茶時滴入茶盅，有名曰：「遊山玩水。」

斟茶。工夫茶講究「高沖低斟」，即將大小僅容一杏的茶盅，一字排開讓壺嘴貼著盅面依次輪轉著斟，令盅面的茶湯均勻，以體現一種公允、平等的精神。這有名堂，叫「關公巡城」。茶湯快斟完時，用食指將壺蓋輕輕移動，讓茶湯一滴滴滴完為止。這名曰「韓信點兵」。

茶斟好了，主人將第一杯茶端起，恭恭敬敬地獻給座上位於首席的長者。名曰「敬茶」。之後，眾客舉杯，以向主人表示敬意。然後，觀茶色，聞茶香，細啜慢品，再三玩味。但見茶興大發者，手捏茶盅，騰挪於鼻唇間，雙目微閉，如癡如醉，彷彿坐禪入定，外界萬物全然不覺了。據說，不入其境，不解個中韻味，實乃一種超然的藝術享受呢！這需要有品茶的工夫。大概工夫茶得名與此不無關係吧！

中國品茶藝術，從陸羽的煎茶、五代的分茶、宋元的鬥茶，以及明清的瀹茶與工夫茶，雖各有儀軌和特點，但注重藝術性這點是相通的。分茶、鬥茶，注重遊藝，其藝術性可說是外在的。瀹茶與工夫茶，則注重鑒賞工夫，注重心靈的淨化，頗似面壁參禪，其藝術性則偏重於內在了。這和「和敬清寂」的日本茶道精神可說是相通的。這大概同中日茶藝都以儒文化與禪文化為背景有密切關係吧！

酒

當今中國酒的品種數以千計，大致可分為白酒、黃酒、果酒、藥酒、啤酒五大類，歷史各有短長，起源也不盡相同。

5 萬年前的先民就能喝到酒？

　　這裡所說的「醉猿」，並不是動物界中的「猿」，而是距今 5 萬年的古人類「猿人」的「猿」。它是 1954 年，在江蘇省泗洪縣雙溝鎮下草灣發現的，僅出土一段股骨，被稱為「下草灣人」。因其出土地點是名酒之鄉，又在雙溝大麴酒廠附近，故而雙溝大麴得了這麼個風雅的稱號。5 萬年前的先民能喝到酒嗎？又何以能醉呢？這就是我們先要探討的第一個問題。

　　據明代的《蓬櫳夜話》記載：「黃山多猿猱，春夏雜採花果於石窪中，醞釀成酒，香溢四發，聞數百步。」黃山猴子有了酒喝，不就有可能成了真的「醉猿」了嗎？

　　無獨有偶，廣西西江流域的大山中，多有「猿」酒。清代的《粵西偶記》載：「平樂等府山中，猿猴極多，喜采百花釀酒。樵子入山得其巢穴，其酒多至數石，飲之香美異常。曰猿酒。」

　　明清人的筆記都說猴子能採果釀酒，「香溢四發」、「香美異常」。然而，這些總是隔代之

《猿猴摘果圖》【宋】佚名 繪

談，那些記錄有幾分可靠，不能不令人心存疑竇。如說古代猴子會釀酒，那麼，今世的猴子也當會釀酒啊！可是，近代卻不曾聞。令人欣然的是，從黃山透露出一則資訊，那裡發現了「猴兒酒」。這資訊是鮑傑先生在《黃山猴趣》一文中透露的，該文刊於 1985 年 10 月 9 日《安徽日報》的《繁花》副刊上。其文曰：

> 有一年，我同老畫家程笑天一起遊黃山的皮篷峰，那裡峰高、巒險、谷深。程老是黃山人，他說，在這裡我們用心找找，也許能找到猴兒酒。此酒既能解渴，又能補身。於是，我四處尋覓，在一處草窩下，發現有一泓用大石板蓋著的黃澄澄的水，酒香撲鼻。程老嚐了嚐，連聲說道：『猴兒酒，肯定是猴兒酒！』我用手捧著喝了一口，果然酒很香，且甜而微酸，彷彿橘子水、檸檬汁似的，喝來爽口、解渴。

猴子釀酒，那只不過是「無心插柳柳成蔭」罷了！猴子和猿都可能飲多了這種天然發酵釀成的果酒而成為「醉猴」、「醉猿」，但它們不大可能有意識、有目的地釀酒。然而，這事給人以啟示，遠古時代，猿人有目的地採果釀酒卻是有可能的。因之，有的學者據以推斷，含糖果物釀酒，起源於人類的童年，那就不只五六萬年，可能有數百萬年的歷史了！

天然果酒的歷史雖然十分悠久，可是果酒的釀造在中國釀酒史上卻很不發達。古埃及人早在 5000 多年前已釀成葡萄酒；西方傳說酒神戴歐尼修斯也早在 4000 多年以前到處傳授葡萄釀酒的技術。但是，中國是在絲路鑿通之後，2000 多年前，才喝到從西域進口的葡萄酒。「想像」與「歷史」竟相距如此之遠！

新石器時代能大規模釀酒？

在古代的中國，穀物釀酒相當發達。它始於何時呢？晉人江統的《酒誥》對此做了回答：「酒之所興，肇自上皇，成於帝女，一曰杜康。有飯不盡，委之空桑，積郁成味，久蓄氣芳。」

穀物成酒，源於剩飯發酵的見解，是很有見地的。談及起源的時代，江統認為「肇自上皇」。上皇，也就是上帝、天皇。相傳「天地初立，有天皇氏……兄弟 12 人；各立 18000 歲」。換言之，酒是從開天闢地、有了人類以來就有了。原因很簡單，有人就要吃飯，有了剩飯，就有了酒。前述一些學者對果酒始於猿人時代的推斷，與這位古人的見解卻是不謀而合的，都認為世上從有人類起就有酒了。

可是，歷史已經提示，中國的人類史若以巫山猿人計始，已有 200 多萬年。先民以穀物為食，若以原始農業興起計始，只有萬年左右，比之「上皇」、「猿人」都晚得多呢！

《飲中八仙圖卷》（局部）【元】任仁發 繪

　　穀物釀酒究竟出現於何時呢？

　　目前知道，黃河流域最早種植的穀物是可以碾出小米的粟，至少有8000多年的歷史；長江流域最早種植的穀物是可加工為白米的稻，至少也有10000多年的歷史。也就是說，穀物釀酒的基本條件大約在10000年以前已經具備了。

　　有了穀物，是否就已有穀物釀酒呢？考古發現，已確然回答了這個問題。在黃河下游的原始文化（大汶口文化和龍山文化）遺存中，都發現有大批酒器。1979年，在山東莒縣陵陽河的一處距今4800年前的墓葬中，發現了一組成套的釀酒陶器。有穀物發酵的大口陶尊、過濾用的漏缸、接酒用的陶盆、儲酒用的陶甕、溫酒用的陶鬹以及飲酒用的觚形陶杯和高柄陶杯。在濾酒的陶缸上還刻畫了濾酒的圖像。考古工作者還報告說，在泰山腳下、大汶口河畔發現的大汶口遺址，出土酒器多達268件，占出土器物總數的26.4％。因而可知，早在五六千年以前，黃河下游的先民不但已知釀酒，而且酒類在其生活中已占有相當重要的地位。這已不是釀酒的原

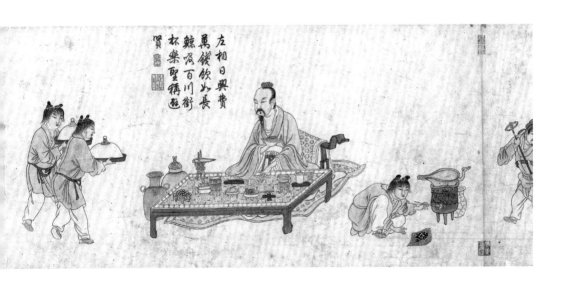

始情況，而是釀酒已具相當規模了。

　　長江下游浙江餘姚河姆渡原始文化遺存中，在發現大量穀物的同時，也發現了酒具，有溫酒的陶鬹、斟酒的陶盉、飲酒的陶杯。考古學家經再三研究，斷定這是中國目前所發現得最早的酒具。若是這一鑒定無誤，江南以穀物釀酒的歷史至少也有 7000 多年了！

　　不難推想，穀物釀酒之始，當比這些專用酒具的出現還要早些。如果說穀物釀酒是在原始農業興起之後即隨之出現的話，那麼，距今當有10000 年左右了。

商代有微生物釀酒技術？

　　釀酒用曲，是中國古代發現和利用微生物的一大科技成就，也是對世界釀造技術的一大貢獻。

　　穀物成酒，要經過糖化和酒化兩個過程。酒麴，不僅有富於糖化力的絲狀菌毛黴，而且有加速穀物酒化的酵母。以曲釀酒，是將兩個過程合而為一，同時進行，故又稱「複式發酵法」。

　　這種方法在 19 世紀傳入歐洲，廣泛應用於酒精工業，稱為「澱粉發酵法」。

　　中國何時開始使用酒麴釀酒呢？

　　據歷史文獻上講，早在商代武丁以前就有了。《尚書‧商書》中就記載，商王武丁有一次對新從奴隸中選拔出來的宰輔傅說說：「若作酒醴，爾惟曲糵；若作和羹，爾惟鹽梅。」意思是，我們要彼此密切合作，「我若作甜酒，你就是那酒麴；我若作羹湯，你就是那調味的鹹鹽和酸梅」。武丁能用酒與曲的關係打比喻，說明在武

丁之前很早就能用麴釀酒了。有趣的是，在河南省羅山縣天湖村的商代息國貴族墓中，出土有三件青銅卣，一為雲雷紋，一為夔紋，一為鴞形，這三個銅卣，都密封良好，經鑽探取樣，確知卣中都藏有甜酒與香酒，距今已有 3200 多年。這消息一發布，即被金氏世界紀錄認定為「世界上最沉的酒」。

特別值得一提的是，1973 年，在河北省槁城縣台西發現了一處商代釀酒作坊，出土有一套釀酒器具，還發現了大量的酒麴。酒麴出土時呈灰白色，為水垢狀的沉澱物。經中國科學院微生物研究所鑒定，確證是人工培植的酵母殘殼。距今已有 3400 年左右，比武丁的時代還早 200 年！

中國的酒神為何為女性？

如前所述，穀物釀酒的歷史可能已有上萬年，酒麴的使用只有3200—4000 年。人或問，在酒麴發明之前，又是如何釀酒的呢？根據民俗調查資料知道，在古時還不知以麴釀酒的時代，先民曾廣泛採用「嚼米為酒」的方法，即以唾液促使穀物糖化，進而酒化。

清人郁永清在《稗海紀遊》中記載，臺灣有高山族，「其釀酒法，聚男女老幼嚼米，納筒中，數日成酒。飲時入清泉和之」。

這種釀酒方法，雖然男女老幼都能參加，可是主要任務還是由婦女承擔。明人陳繼儒《偃曝談餘》中記載：「琉球造酒，則以水

商代嵌綠松石象牙杯
河南安陽殷墟婦好墓出土，當時的飲酒器

《天工開物》中的製酒工藝圖

漬米，越宿，令婦人口嚼手搓，取汁為之，名曰米奇。」說到「婦人口嚼手搓」，不禁令人想起中國酒神帝女。江統《酒誥》不是說，酒之所興，肇自上皇，「成於帝女」嗎？帝女是何許人也？

《戰國策》等古籍記載：「帝女儀狄作酒而美，進之禹，禹飲而甘之。」

因此知道，帝女叫儀狄，是和禹同時代的人，堪稱4000多年以前一位善於釀造甜酒的女專家。有人說她是大禹的女兒，也有人說她是黃帝的女兒，莫衷一是，也無文獻可證。但認為她是女性，這是一致的。

從而，我們又想起，西周王家的釀酒機構中，掌握釀酒技術的也多是女性。《周禮》載：「酒人，奄10人，女酒30人，奚300人。」在這有340人的釀酒作坊中，奄即宦者，也是管理者；奚是幹粗重活的女奴；女酒是善於釀酒的女技術員。據專家注釋，奄在當時仍為生理正常的男性，並未受到閹割，只是因他們和女酒、女奴一起從事造酒，才用這個缺少了男性特色的名稱來稱呼他們。從而佐證，古來就認為釀酒主要是婦女的事。

有意思的是，至今中國南方家庭還多有自釀米酒為飲料的風習，而釀酒能手，大多是家庭主婦。這也就是為什麼西方的

酒神為男性，而東方中國的酒神帝女為女性的緣故吧！

　　這裡還要說明，這位女神創造的是米酒。《世本》曰：「儀狄始作酒醪。」酒醪，今稱醪糟，即米酒，也就是以糯米為原料的黃酒的前身。因之，釀酒家稱黃酒為「國酒」，聲稱其歷史始自儀狄，有四五千年了！

釀酒與煉丹有什麼關係？

　　可是，中國還有一位男性酒神，名曰杜康。早在三國時代，雄主曹操在〈短歌行〉中就唱道：「慨當以慷，憂思難忘。何以解憂，唯有杜康。」

　　在這裡「杜康」已成為「美酒」的代稱了。

　　杜康是何時人？說法不一。有的說他是西周人，也有的說他是大禹的五代孫少康。杜康是否是少康？或存疑議，但《世本》、《說文解字》等古籍，都說「少康作秫酒」、「杜康作秫酒」，因此「作秫酒」這一點杜康、少康是一致的。

　　秫，是一種黏性的高粱。「作秫酒」，即用高粱做酒。高粱酒可以說是白酒的前身。由是，有人推斷杜康是高粱大麴的創始者，或燒酒的創始人。這一推斷似有道理，卻又值得商榷。

　　中國在 5000 年前已廣泛種植高粱，這在河南、山西、甘肅等地出土的遺物中得到了證實。如果說在 4000 年前後，先民已製成秫酒，是有可能的，也是可信的。當時或已有曲，以曲製秫酒，或可稱之為高粱大麴，但卻未有實物可證。如今中國製作燒酒的酒家，多崇拜杜康，奉之若神。但是，若說他是燒酒的發明者，那就有悖於歷史事實了。

　　中國何時有燒酒，即蒸餾酒，也就是白酒？

　　從唐詩中，我們知道，唐時已有「燒酒」一詞，但實際上並非「燒酒」，其色或為「鵝黃」，或呈紅色，實為未加蒸餾的酒。如杜甫詩句：「鵝兒黃似酒，對酒愛新鵝。」又如白居易詩句：「荔枝初熟雞冠色，燒酒初開琥珀香。」

《蕉林酌酒圖》
（局部）
【明】陳洪綬 繪

兩位侍酒侍女，一位
手捧酒壺，一位正在
揀菊，爐上正在煮酒

聽古物在說話：
從飲食、娛樂到禮俗文化，原來古代生活好愜意！

　　白氏所用「燒酒」一詞，顯然是指以火溫酒，與後世作為蒸餾酒名稱的「燒酒」風馬牛不相及。實際上唐代還沒有燒酒。

　　明人李時珍《本草綱目》中說：「燒酒非古法也，自元開始創其法。」元人稱之為「汗酒」，也有人稱「阿剌古酒」，並賦詩曰：「年深始得汗酒法，以一當十味且濃。」這才是「燒酒」，也稱叫「汽酒」，即蒸餾酒。

　　但是，《本草綱目》關於燒酒始於元的說法也不足為憑，因為早在南宋成書的《丹房須知》、《遊宦記聞》等書中，已記有多種類型完善的蒸餾酒鍋了。

　　1975 年，河北省青龍縣西山嘴村的一處遺址中，出土一套完整的銅製燒酒鍋，為金代遺物，最遲不晚於西元 1161 年。有些研究者認為，從這燒鍋的構造與原理皆與中國古代煉丹所用器具相類似來分析，它不是從域外傳入的，而是在中國古代煉丹術的基礎上發展而成。它的年代比之中國燒酒元代始從西方傳入的說法要早上百年。換句話說，宋、金人喝上燒酒的時候，蒙古帝國的創始者成吉思汗還未出生呢！

醬豆

中國民諺曰：「每日開門七件事，柴米油鹽醬醋茶。」意為醬是日常生活不可缺少的東西之一。酒與醬，是古代先民巧妙利用微生物創造出來的兩類美味佳品。古往今來，東方人才既知釀酒，也善做醬，創造了悠久、獨步世界的醬文化。

要談中國醬文化，就不能不提到孔老夫子。孔老夫子曾說：「膾不厭細」，「不得其醬不食」。（《論語‧鄉黨》）大意是，要吃生魚肉，切得越細越好，但是，若沒有合適的醬，我是不吃的。請看，這位儒壇宗祖對於吃醬，是很講究的。令人生趣的是，在孔子創儒學之後，歷時 2000 餘年，在東方形成了儒文化圈。同時，在世界飲食文化的版圖上，這個儒文化圈又恰恰是個醬文化圈。

醬在古代的地位有多高？

我們今日說醬，不言而喻是指豆麥米麵經發酵而製成的調料，如大醬、甜麵醬等。同時，也可指魚肉蔬果搗爛而製成的食品，如魚子醬、水果醬。但在先秦，如不加限定地只說「醬」，或「醬齏」，則是對調味諸品的總稱，或泛稱。如《周禮》上說：「獻熟食者，操醬齏。」醬齏，就是調味品的泛稱。

彩繪竊曲紋漆豆

「醬」的古字「醬」，從肉（月），從酉，因做醬要用肉、放酒，其「爿」是音符，其音讀為ㄆㄢˊ，古與「將」音相近。

醬，何以名「將」呢？據古人說，在古代如鹽、梅、醯（醋）、醢（肉、魚等製成的醬）各種調味料中，醬總是居於主導地位。如食膾，就少不了芥醬，即芥末泥。這就是孔子

所說的「不得其醬不食」的「醬」。如吃煮熊掌，就得有芍藥醬。這像今日北京吃烤鴨，得有甜麵醬。若換成豆瓣醬、果子醬，那風味就迥然不同了。正因此，古人說「醬者，百味之將帥，帥百味而行」，大概醬是由之而得名的吧！

先秦的醬，品種很多，號稱「百醬」。除蔬果之醬而外，主要的是魚醬和肉醬。

魚醬，早在春秋時代，就已成為商品。中國商人尊祖的陶朱公范蠡，他的老師計然，在其《計然》一書中就談及販醬東海的價格，醬三等，每斤上價 200 錢，中價百錢，下價 30 錢，下價相當於一石小麥的價格。

肉醬，大凡瘦肉都可做醬。方法是將肉製成肉乾，剉成末，放入曲、鹽、美酒，置於壇中密封，經百日而成。古人多以鹿肉製醬，西周以降，相沿不衰。

在先秦，醬是從天子、貴族到士大夫的重要食品。無論祭神、祀祖、宴賓、燕享，以及日常飲食，几案上都少不了醬。因而形成了相當繁雜且與醬有關的禮儀和風俗。

醬與肉，被視為養老、敬老的不可缺少之物。每年在京都最高學府辟雍（古時天子所設的大學）上，招待那些德高望重長輩們的宴會裡，天子祖胸為老人們分肉，親自「執醬而饋」。這在古代已成為一種禮儀。

有趣的是，新婚的花燭之夜，洞房中也擺上一豆

幾何紋青銅長柄豆
豆是古人盛放肉醬的器皿

《毛詩小雅‧鹿鳴之什卷圖》【南宋】馬和之 繪
描繪了周王舉行宴會，宴請諸侯的場面

（高腳盤）醬，一豆醢，新郎新娘共進晚餐時，誰要是拿起肉來隻蘸醬吃，或只蘸醢吃，那就犯了忌諱。聰明知禮的新人，就要將兩豆合為一豆，醢醬相合，共同佐食。這象徵夫妻融洽，百年和睦。

古代製醬起源於何時？

接著說中國什麼時候有醬的。

肉醬，肯定在商末已經有了。相傳紂王殘暴，曾「醢九侯」、「脯鄂侯」。就是將九侯剁成了肉醬，把鄂侯割成了肉條，曬了肉乾。試想，那時的御廚中如還不知做「醢」、「脯」，紂王也不可能憑空想出如此酷刑吧！

魚醬，在夏末商初也有了。相傳烹調之聖伊尹，見夏將亡，去見湯，無以為由，就製成了天鵝之羹、烏鰂之醬，獻給湯，從而以烹調之術喻治國之道，以說湯，被湯任命為宰相。《逸周書》則說：「伊尹受命於湯，

【晚唐】莫高窟第 12 窟婚宴圖

賜烏鰂之醬。」且不管是伊尹所獻，還是湯王所賜，都談到烏鰂之醬。烏鰂，也就是「烏賊」，即墨魚。墨魚醬在西漢時，仍被認為是多種魚肉醬中最為名貴的。可以說，這是見諸文獻的最早的魚醬名稱了。

魚肉醬，或許在原始社會就已被創造出來，只是未見記述罷了。在考古中，發現有類似今之泡菜壇的陶器，名曰雙領罐，口外有盤狀沿，扣上個碗，就可以加水密封，用以製肉醬、做糟魚都是很適用的。這種陶器，漢代就有，往上可以追溯到古蜀文化，年限相當於夏代。這種雙領陶器若確為製醬之器，那麼，魚肉醬就約有史 4000 年了。

但是，目前尚無證據可以說先秦已有豆醬。豆醬可靠的歷史，最多不過 2200 年！

令人費解的是，似乎秦始皇還不知道豆醬是什麼味道，可到了漢武帝時代，製醬業勃然興起，竟與釀酒業並駕齊驅，成為重要的食品業了。《史記‧貨殖列傳》說，在一些通都大邑，酒與醬的年銷量都很可觀。酒商醬商之富，可比千乘之家。

《史記》中談到的「醬」，是什麼「醬」呢？史無明書。同時代有書名「急就篇」，是古代兒童識字課本，其中有句曰「鹽豉醯酢醬」。唐代學者顏師古解釋說：用剔骨肉做的肉醬，叫「醢」；「用豆合麵而為之」的豆麵醬，叫「醬」。

1973 年，在湖南長沙馬王堆漢墓中，出土大批隨葬的食物，食物的名稱、數量，記載於遣策竹簡上。因其為首次發現的漢代食簡，故被稱為《西漢第一食簡》，其中記有「肉醬」、「馬醬」，另外還單獨記有一名「醬」。如果，也可以顏氏之說釋此「醬」字，那麼，中國豆麵醬的創造，就可以上溯到這漢墓的男主人利倉的卒年以前，即西元前 193 年以前了。

西漢時已有豆麵醬的解釋和推斷，應當說是有道理的；然而，若說豆麵醬見之於東漢，那就證據確鑿了。

崔寔所著《四民月令》，已記錄有製豆醬的節令和方法。曰：「正月，

可作諸醬。上旬炒豆，中庚煮之，以碎豆作末都。」其法是先炒後煮，再發酵。這種方法所做的醬，香氣濃郁，風味好。這是有關炒豆法做豆醬的最早記述。

《四民月令》中說「作諸醬」，「諸」表示多之意。可知，當時所製的醬有許多品種。僅知有關豆類的醬，粗計至少有 3 種。

一為菽醬。桓譚文章中曾譬喻說「菽醬若蠐螬」。「菽」是豆類的總稱。「蠐螬」是天牛一類的幼蟲。從這個比喻可知，菽醬是豆瓣醬。菽醬是有關大醬的最古老的名稱。東漢王充的《論衡》一書載：「作豆醬，惡聞雷。」這是有關「豆醬」一詞的最早記述。

一為末都。末都，是以碎豆屑製成，可知是豆末醬。至今，在北方鄉間，仍有用黑豆，炒後，磨成豆末，做豆末醬的。其醬色黑，故稱「黑醬」。其醬細膩，不同於豆瓣醬，故又稱「麵醬」、「小醬」。不直接食用，只做烹調時的調料。

一為清醬。這當是用豆麵製成的稀醬。至今有些地方稱醬油為「清醬」。漢代的「清醬」，並非今之醬油。

〈七步詩〉蘊藏著豉汁的製作方法？

豉汁，也稱豉清，或豉油。豉汁，在魏晉南北朝時，曾廣泛用於烹調，可以說是一種類似醬油的液態調料，可它還不是醬油。醬油，是從醬醅中提取出來的；豉汁，則是用豆豉煮的。其料同為豆，其製法不盡相同，其風味也有差異。

豉在中國始於何時？

唐經學家顏師古說先秦已有，《楚辭》中有「大若」之名，即「豉」也。可是同時代的學者孔穎達曾加以考證，然後斷言，「先秦文獻中，《禮記·內則》、《楚辭·招魂》，備論飲食，言不及豉」；在西漢，「史遊《急就篇》，乃有『蕪荑鹽豉』」，因而，他認為豆豉「蓋秦漢以來始為

之耳」。

　　豆豉的發展也和豆醬的發展類似，其速度之快令人吃驚。先秦似乎還沒有「豉」字，西漢中期豆豉業興起，像釀酒、製醬同樣發達了。在商業興旺的城邑，豉的年銷量也多達千斛。當時吃豉如吃鹽，故「鹽豉」並稱。商人將鹽與豉一起賣，一斗鹽一斗豉，合稱「一合」，即兩者合一的意思。

　　「豉」字最早也出現在《西漢第一食簡》上。現代考古也發現，與食簡同出的有一陶罐豆豉，雖在地下埋藏了 2200 年之久，其豉、豆仍依稀可辨。「豉汁」，則始見於東漢末劉熙所著的《釋名》。《釋名》稱豉汁，為五味之調和者。談起烤肉時，說要將肉用糖蜜、豉汁先醃一醃。顯然，古人使用醬豉和今人使用醬油的方法很類似。在漢魏兩晉南北朝的食譜裡，凡今日用醬油者，古人則多用豉汁，其例甚多。

《文會圖》（局部）【北宋】趙佶 繪

《洛神賦》（局部）【東晉】顧愷之 繪
洛神即將離去，曹植強忍悲痛

　　製作豉汁的方法，也很像今日製作醬油。

　　三國時，文學家曹植有首〈七步詩〉，以萁豆相煎，暗喻兄弟相殘，非常有名，然而，少有人注意，這詩就是說的豉汁作法。原詩的古老版本是六句：「煮豆持作羹，漉豉以為汁。萁在釜下然，豆在釜中泣。本是同根生，相煎何太急。」

　　詩意是，先以水煮豆豉，剩下豉汁。再用溫火慢煎，令豉汁稀濃適度。這樣煎出的豉汁，其色、其味，就與今之醬油相近了。

　　豉汁畢竟不是醬油，醬油也有史 2000 年。其發展，今從其歷代名稱的演變可以略窺大概。

　　東漢後期，已有「清醬」之名（崔寔《四民月令》），其名重在「醬」

字，冠以「清」字，以區別於「濁」醬。然而，它終未脫離稀醬的形態，最多不過是從醬中滲出、浮於醬上的清汁，無論清濁，仍名之曰「醬」，還算不上真正意義上的醬油。

　　兩晉南北朝及於唐宋，醬油被稱為「豆醬汁」，或「豆醬清」，或簡稱之「醬汁」、「醬清」。也有稱「香醬清」的。其名重在「汁」、「清」。這表明，醬汁已從醬中分離出來，以液態獨立存在了。然而，醬汁或醬清，只不過是醬的副產品。

　　明清時，它被稱為「豆油」、「醬油」或「豆醬油」。這些名稱，重在「油」字。「醬汁」與「醬油」，雖只是一字之差，然而，它卻是醬油已發展到成熟期的反映。醬油，從技術到產品，都已脫離母體而獨立問世了。

　　由近代到現代，古老的醬坊，多已改稱「醬油廠」，醬油在人們生活中的地位比豆醬日益重要。醬油的品種、名目也多不勝數，遠非昔比。

　　最後，說說大醬湯。中國雖是醬之故國，當地人卻沒有喝醬湯的風俗。「大醬湯」純屬日本的醬文化。日本人喝醬湯，據日本文獻考證，始於鎌倉時代（1192—1333 年）。這裡值得一提的是，早在鎌倉幕府建立之前，日本人喝醬湯就已為中國人知道了。《佩文韻府・紅醬》引了兩句詩：「能營野飯羹紅醬，渡水何辭數訪尋。」

　　「羹紅醬」，即用紅醬做的醬湯。中國古今醬名有幾百種，卻無「紅醬」。在日本，煮豆做成的醬，名「白醬」。蒸豆做成的醬，名「紅醬」。至今，日本關西喜食白醬，關東喜食紅醬。

　　這首詩，是北宋僧人惠洪（1071—1128 年）的作品，他寫在一位叫圓證大師的房壁上。從詩意看，圓證大師曾數次「渡水」來到中國求法，從喜食紅醬湯看，他不但是日本僧人，其原籍有可能是關東人。從鑒真將大醬傳入日本，經 300 餘年，圓證又背負「紅醬」來到中國，可以說，這是中國和日本醬文化交流史上的一段佳話。

藏冰

盛夏酷暑，來塊冰磚，或來杯冰淇淋，清涼解渴，多麼稱心如意！世界上是何時有藏冰的，冷飲始於何時？或以為這不過是近代以來的事，或以為最多不過幾百年。其實，藏冰在東方，已有史幾千年了！

古代如何藏冰？

談及藏冰，一般就引用《詩經・七月》裡「鑿冰沖沖」、「納之凌陰」的詩句。它佐證了中國的藏冰史同《詩經》同樣古老，約有 3000 年了。

同時，也往往談及《周禮》中的「凌人」。這是周天子的掌管冰務的機構，編制有 94 人。其中包括 2 個負責人，叫「下士」；2 個行政祕書，叫「府」；2 個文書，叫「史」；8 個領班的班長，叫「胥」；每班 10 個勞動力，共 80 人，叫「徒」。冬季藏冰時，人手不夠用，還要動用管理山林的大批人力，「取之」、「傳之」、「藏之」。從這個常設的機構看，就不難想見當時的藏冰規模了。

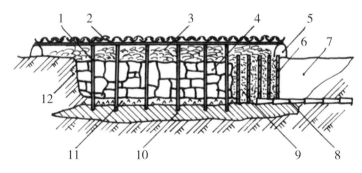

凌陰剖面圖

1. 網柱；2. 屋面；3. 草薦；4. 冰塊；5. 簹牆；6. 槽門；7. 入門；8. 排水管；9. 稻糠；10. 夯土層；11. 鋪設片岩層；12. 生土層

周天子藏冰的「凌陰」（冰窖）是什麼樣子，考古尚未發現，但卻在陝西鳳翔發現了春秋時秦國君主的凌陰，距今有 2500—2600 年。可以說，這是世界上已知最古老的冰窖了！

這個「凌陰」，挖在一個夯土台基（東西 16.5 公尺，南北 17.1 公尺）的中央。深約 2 公尺，窖穴上大（10 公尺×11.4 公尺）下小（8.5 公尺×9 公尺）。窖穴四周的夯土形成隔溫牆，平均厚度約 3 公尺。窖上有瓦頂建築，還附有華麗的青銅構件。窖底鋪有岩板，窖口開在西牆，設有五道可以起落的閘門。閘門之下鋪有陶製的排水管道，可將消融的冰水排到附近的一條小河裡。冰窖的四周及閘門之間，有大量腐殖質，可能是用麥草做保溫層的殘跡。這冰窖的設計是相當合理的，與北京幾十年前所用冰窖大同小異。據計算，這個窖可藏冰 190 立方公尺。古制規定，藏冰的數量是實際用冰數的 3 倍。那麼，可用冰當為 60 多立方公尺。

古代藏冰、啟冰，是有節令的。夏曆十二月開始鑿冰，正月藏冰完畢，三月就開始啟用。

藏冰時，要祭司寒之神。祭品要用黑色的公羊和黑色的黍子。羊黍何以用黑色？寒氣來自北方，司寒之神就是北方之神。北方的土是黑色的，北方的神也是黑色的，故稱「玄冥」。不知怎麼，在清朝末年的窖神殿裡，供奉起濟顛僧來。這個生於南宋的瘋瘋癲癲的窮和尚，喜歡吃狗肉，喝燒酒，也特別愛憐窮苦人。因之，在舊

《濟公圖》（局部）【清】王震 繪

社會，磚窯、煤窯、冰窖、杠房、轎子鋪等行業，均奉其為保護神。

啟冰時還要獻禮。獻禮不用黑羊、黑黍，改用羔羊、韭菜，這在春寒料峭的時節也是難得的美味。在冰窖的出口，還要掛上桃木弓、荊棘箭，以辟鬼邪，消災除難。啟冰後，最先取出的冰，天子都不能享用，要盛於祭盤，捧到太廟的寢殿，由天子獻給祖宗。

周代的藏冰，從技術到禮儀，都相當完善。在周之先，中國還有無藏冰歷史呢？

商代當有藏冰制度，可卻未見記載。十幾萬片甲骨卜辭中，也沒透露一點資訊，連「凌」、「冰」的字也沒有，殷墟有不少窖穴，或圓或方，小的僅可容人，大的直徑達 7 公尺以上。這些窖穴之中有無可能是用以藏冰的「凌陰」呢？可惜，發掘者均未做出明晰判斷。然而，令人欣喜的是，1980 年發現了商代的比文字和凌陰更為可靠的藏冰物證──兩件青銅凌鑿。其較大一件長 13.8 公分，距今 3200 多年。其構造幾乎與今日所用冰鑿沒有什麼不同。從專門用青銅鑄造取冰工具來看，顯然，商代已有了長期的藏冰史。

這青銅凌鑿，不是商王的，也不出之殷墟，而是殷之方國息人的，出土於河南省羅山縣的天湖村。或許那凌鑿的主人就是息國的凌人呢！從而可知，商代藏冰已不限於商王，諸侯小國也有凌陰了。

商以前的夏王朝有無藏冰呢？相傳是孔子發現的夏曆《夏小正》中曾有記載，說每年三月，國王要給大夫分發冰塊，曰「頒冰」。過去有人認為，這書中的記載不盡可信。但從商代小諸侯國都有藏冰工具看，夏有藏冰的記載，當是可信的。如果這一推想無誤，中國的藏冰史就和中國歷史同樣古老，至少有 4000 多年了。

古代的「冰箱」長怎樣？

　　古代的藏冰，用途雖有很多，但主要還是用於食物的冷藏，保鮮防腐。凌陰是儲冰之所，不是冷藏的地方。宮廷中特設有冰廚，也即冷庫。冰廚設於地面下，也可叫地下冷藏室。室內多挖有冰井，井內用陶製井圈疊套成井壁，下有與井的直徑同大的陶鑒作為井底，堪稱相當清潔的陶製大冰箱。

　　這種宮廷冰廚，在河南省新鄭縣城西北的閣老村曾有發現。冰廚內並排有五個井，出土有大量豬、牛、羊、雞的殘骨。陶器上有文字標明「左廚」、「宮廚史」等。可知，這是戰國時代韓國的宮廷冰廚和冰井。類似的冰井遺物陶井圈，在秦、楚、燕、趙等國故地也多有發現。根據文獻記載，這種冷藏室不僅黃河流域的諸侯國有，就是長江下游，以炎熱著稱的吳越也有。《越絕書》記載，吳王闔閭的「冰室」，在「吳閶門外」，即蘇州西門外。越王勾踐有「冰廚」，在「會稽東門外」，即紹興城東。

　　吳王闔閭的「冰室」，今已不存。可是，考古卻發現了他兒子吳王

曾侯乙銅冰鑒

夫差的青銅冰鑑（高 44.8 公分，口徑 76.5 公分，底徑 47.2 公分），即冷藏食物的大冰盆，比今之大澡盆不小。這是宮廚中用以冰藏少量待用食品的。

　　先秦的冰鑑出土很多，最著名的是曾侯乙銅冰鑑，共有兩個，不作盆狀，而是方箱形（高 61.5 公分，長寬均為 76 公分）。這冰鑑是有蓋的。冰鑑當中置有一方壺。鑑的蓋是中空的，呈「回」字形，蓋上鑑蓋，方壺的壺蓋恰好從那中空處露出，設計巧妙，應用方便。曾侯乙銅冰鑑雕鑄極精。它是中國藏冰史上罕見的瑰寶，可能也是世界上經過精心設計的最古老的青銅冰箱。

　　冰鑑中的方壺，顯然是放酒的。鑑與壺間的空隙是放冰鎮酒的。《楚辭·招魂》篇有「挫糟凍酒，耐清涼兮」之句，郭沫若翻譯為「冰凍甜酒，滿杯進口真清涼」。這詩句是中國文獻上有關冰鎮酒的最早記述，距今約有 2300 年。而曾侯乙冰鎮酒的特製冰箱，距今至少已有 2400 多年。有理由認為，中國的冷飲史應當比它還要早得多！

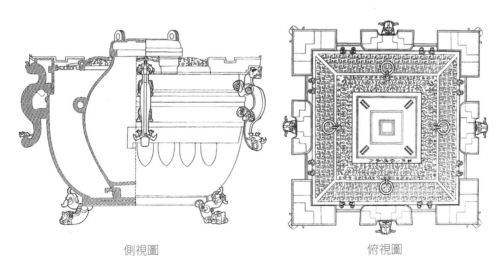

側視圖　　　　　　　　　　　　　　　　俯視圖

曾侯乙銅冰鑑剖面圖

活動的冰船，不知始於何時，但知沿海漁民，早就在冬季藏冰，以供夏季出海冷凍鮮魚，有名曰「冰鮮船」。明朝萬曆年間，詩人即有詩曰：「六月鰣魚帶雪寒，三千里路到長安。」江南鰣魚，六月天氣，歷三千里，運到京城，其所用工具，即「炎天冰雪護江船」的冰船。

《消夏圖》【元】劉貫道 繪

冰淇淋起源於中國？

　　談到冷食，似乎不能不說及威尼斯人的故事。1553 年，義法聯姻，威尼斯人利用法國未來國王亨利二世來義大利舉行為期 34 天婚禮的良機，向西歐各國來的貴賓展示了他們一種精美的冷食，一種用奶製成的半冰凍

畫面左下方三彎腿帶束腰的四足小几上擺著冰鎮果盤

的甜點心。這種冷點清爽可口，贏得了客人的讚譽，也引起客人的興趣，想知道其製作方法。然而，威尼斯人笑而不答，因那方法是絕對保密的。這種冷點，就是今日已行銷寰宇的「冰淇淋」。

冰淇淋在相當長的時期內，成了義大利的專利。甚至，英國查理二世流亡到歐洲大陸還曾特別提出要嚐一下冰淇淋呢！後來，這項專利才隨義大利的移民傳到了巴黎和倫敦。

冰淇淋是誰發明的？在義大利，有人說是 14 世紀初期一個叫邦塔倫蒂的人獨立發明的。也有人說，早在古羅馬時代，奴隸從阿爾卑斯山往都城運冰的途中，將果醬加入雪中，混合起來，發明了冰淇淋。另外，也有人認為，1295 年，馬可波羅將冰淇淋製法從中國帶回威尼斯。

日本醫學雜誌《日新治療》曾著文稱：冰淇淋原是元朝宮廷冷食，普通人不得製作。馬可·波羅要離開中國時，元世祖忽必烈卻將做法透露給他。馬可波羅回到家鄉，又把它獻給了義大利王室，從而，將冰淇淋傳入

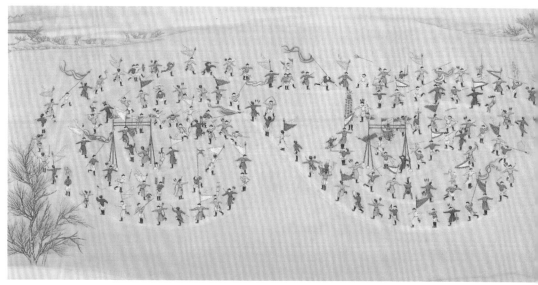

《冰嬉圖》（局部）【清】張為邦 姚文翰 合繪

歐洲。

西方和東方，都有人說冰淇淋始於中國，認為始於元代宮廷，是御用食品。這話有多少根據呢？

「冰淇淋」原英文譯文，前一個詞是「冰」，後一個詞為「奶油」，故也有翻譯為「冰奶」的。元廷確有一種冰凍的奶食，名「冰酪」。元人陳基有兩句詩曰：「色映金盤分處近，恩兼冰酪賜來初。」

陳基是元朝順帝時人，官至經筵檢討，就是為皇帝講解經史的教師。詩意是說，他初次給皇帝講經，就受到賜食「冰酪」的恩典。冰酪盛於金盤，黃白相映，色澤鮮明。賜食的地方離聖上很近，這真是難得的殊榮啊！

冰酪雖為元代宮廷冷食，可不自元代始，早在宋代就有了。北宋詩人楊萬里曾有詠冰酪的詩句：「似膩還成爽，如凝又似飄。玉來盤底碎，雪向日冰消。」詩意是，冰酪看起來是膩口的，可吃到嘴裡卻令人口爽；看上去是凝固的，可到了嘴裡卻飄乎乎、軟綿綿的。剛取出的冰酪，像塊玉

畫卷描繪了清代宮內盛大的冰嬉活動

石，可往盤中一放就碎了，要趕快吃，不然，一會兒就會像春雪見到太陽似的消融了。

詩人梅堯臣的詩作中，還提到一種冰凍奶食，叫「冰酥」。大概，南宋時的「冰酪」，在北宋時稱為「冰酥」。如此說無誤，中國的冰凍奶食，已有千年歷史了。

宋代的冰酪、冰酥，是否就是世界上最早的近似於冰淇淋的食品呢？可不可稱之為中國古代的冰淇淋呢？這還有待專家們去做出科學結論。

中國古代的冰文化，並不僅限於藏冰、冷藏和冷飲，還有冰雕、冰嬉、冰燧等，既有藝術又有科學。冰雕在漢代已肇其端，而盛於唐代。唐玄宗時權臣楊國忠府上，就雕製奇形怪狀的冰山，放於室內以消夏，史稱「琢山避暑」。早在漢代，古人就將冰琢成冰鏡，向日取火，名曰「冰燧」。唐代以前已有人練冰泳。清代皇家曾在北京的北海組織大規模滑冰盛會，名「冰嬉」，場面十分壯觀！（郭淨）

唐章懷太子墓壁畫

侍女手捧插著花朵的「冰酥」，「冰酥」是由奶凝固後加熱融化，滴在盤子上形成「山巒」的模樣，再放入冰窖中冷凍而成

鱠

鱠，日文叫「刺身」，也就是生魚片。

凡來中國的朋友，往往被請去吃北京烤鴨，因烤鴨被視為中國的「國味」。凡去日本的朋友，也往往被請去吃「刺身」，大概那也是日本「國味」的緣故吧！

其實，從文化史角度考察，烤鴨在中國，只有幾百年的歷史，而「生魚片」在中國，至少已有史3000年，而且在古代也曾被視為「國味」。如今，中國只有少數地方還吃生魚肉，但絕大多數人每當形容美味佳餚時，還喜歡引用「膾炙人口」的成語。「炙」，從肉，從火，即烤肉。「膾」，即「鱠」，指切細了的生魚肉。可以說，這是古代以「生魚肉」為國味的殘風餘韻吧！

吃生魚片的風俗起源於中國？

鱠的起源，在古代就是個有爭議的問題。

南朝時，蕭道成稱齊王，置酒作樂。當羹鱠既至，大臣崔祖思說：「這美味為南北所推呀！」在座的沈文季卻說：「羹鱠乃吳地所食，怎能說南北所推呢！」祖思譏誚地說：「『炰鱉鱠鯉』，似乎不是吳之詩吧！」文季也反唇辯詰：「『蓴羹鱸鱠』的出典，大概與魯衛也無關吧！」蕭道成幽默地為他們解圍說：「那蓴羹就讓文季喝了吧！」

這場爭論，論者提到「蓴羹鱸鱠」和「炰鱉鱠鯉」兩個典故，究竟誰是誰非呢？

先說「蓴羹鱸鱠」，這確是吳人的美食。其實，比「蓴羹鱸鱠」出典早700—800年，吳王闔閭為歡迎伍子胥伐楚歸來即為之治鱠以待了。

故《吳越春秋》說：「吳人作鱠者，自闔閭之造也。」闔閭乃春秋末年人，卒於西元前 496 年，因之可以說吳地食鱠有文字記載的歷史已有 2500 多年了。

再考「炰鱉鱠鯉」的詩句，出自《詩經‧小雅‧六月》。詩講的是西周時，宣王的重臣尹吉甫北征玁狁勝利歸來宴請親友時的情景。炰鱉，即文火燉甲魚；鱠鯉，即細切的鯉魚肉。那是西元前 823 年，距今 2800 多年了。

從文獻記載來看，西北周人比東南吳人的食鱠史還要早 300 多年！然而，誰能相信沿海居民比內陸居民食鱠還晚呢！

是的，文化人類學早已揭示，先民還在不知耕稼的時代，就已撈蚌捕魚為食了。這在古文獻中也有些痕跡。

漢代應劭著的《風俗通》，談到古代天子在泰山上築壇祭天時，祭品有玄尊、俎生魚。《禮記》等書談到先民祭祀祖先的大典時，祭品也是玄酒、俎腥魚。玄尊、玄酒，都是指清水，俎生魚、俎腥魚，都是指切好了的魚肉。先秦及秦漢，帝王之家，食有八珍，飲有六味，物品的豐盛令人驚訝，那麼，為什麼祭祀上天、祖先卻如此簡易呢？《史記‧樂記》中解釋說，意在「貴飲食之本也」。從而可知，先秦古人還未忘記他們的老祖宗原就是喝涼水、吃生魚過來的。可見，古人食鱠乃原始之遺風。

古人愛吃哪些種類的魚？

鱠，乃後起之字。先秦已有「膾」字，從肉，意為細切的肉，故有牛膾、羊膾、豬膾、鳩膾。但常吃的是魚膾，所以，魚與膾結下了不解之緣，從而形成「鱠」字。

鱠所用之魚很多，時代不同，所尚之魚也有所變化。大約從西周歷春秋、戰國，以及秦漢的上千年，是以鯉魚為尚的。西漢辭賦家枚乘談及美味佳餚時曰：「薄耆之炙，鮮鯉之鱠。」前者說的是烤里脊，後者則是鯉

《雪江賣魚圖》

【明】朱邦 繪

魚片。這就是漢人所說的「膾炙人口」的具體含義。

漢魏間，也有以鰡魚、鮆魚（亦名刀魚）為膾的。鮆魚等肉色是紅的，為時尚所賤。

西晉以降，鱸膾為時所重。這不僅因為鱸魚色如玉，味道鮮美，也因為沈文季提到的那「蓴羹鱸膾」的典故。《世說新語‧鑒識》中說：文學家張翰，在洛陽為官，見秋風起，思念故鄉吳地的蓴羹鱸膾，嘆道：「人生貴得適意爾，何能羈官數千里外以要名爵！」遂棄官南歸。

張翰的人生哲學為亂世文人學士所賞識，故多借思蓴嗜鱸以避現實。因之「蓴羹鱸膾」之名不脛而走。李白即有詩曰：「此行不為鱸魚膾，自愛名山入剡中。」「剡中」指今浙江嵊州山中。

杜牧也有詩句曰：「凍醪元亮（陶淵明）秫，寒膾季鷹魚。」杜甫也有詩句曰：「暫憶江東膾，兼懷雪下船。」季鷹魚、江東膾，都是指鱸魚。季鷹，為張翰字，因翰而名。江南稱鱸膾為「郎官膾」，也是因張翰在洛陽為「郎官」的緣故。文人墨客，崇尚鱸膾，多是醉翁之意不在酒。

唐人著《膳夫經》則載：「膾莫先於鯽，鯿、魴、鯛、鱸次之。」可以說，唐宋治膾，多是以鯽魚為尚，鱸反為次。五代人陶谷《清異錄》讚美鯽魚說：「爾鮮於羹，斫膾精妙。」他稱讚鯽膾潔若銀絲，頗有懿德，還俏皮地要加封鯽魚為「銀絲省懿德郎」呢！

讀至此，每每令人疑惑，黃河金鯉乃魚中之冠，先秦即以鯉治膾，何以唐

重慶忠縣塗井崖墓出土庖廚俑

人輕鯉而重鯽呢？原來，唐朝曾有法律規定，對鯉魚不准直呼其名，而要敬稱「赤鯶公」，嚴禁捕撈。倘誤撈起，仍要放還。有出賣者，杖責 60 大板。這是為什麼？因為唐朝皇帝姓李，「李」與「鯉」諧音。相傳，隋朝將亡之際，煬帝曾站在船頭，作了一歌：「三月三日到江頭，正見鯉魚波上游。意欲持鉤往撩取，恐是蛟龍還復休。」

後來，隋亡唐興，李氏認為那詩是一徵兆，鯉（李）變成了龍，建起李唐王朝，故崇尚鯉魚，不准捕鯉。這事雖荒誕可笑，卻是歷史事實。大概，這就是《膳夫經》講治鱠莫先於鯽的緣故吧！

《鯉圖頁》【清】佚名

古人有哪些烹飪魚的方法？

古人食鱠講究刀工，以精細為尚。孔老夫子就說過：「食不厭精，鱠不厭細。」精細到什麼程度？漢桓麟說：「鯉鮆之鱠，疊似蚋羽」，即薄若蚊蟲的翅膀。唐南孝廉所斫之鱠，「縠（一種半透明的縐紗）薄絲縷，輕可吹起」。有一次風起，魚片真像蝴蝶似的飄飄飛走，故稱「化蝶鱠」。

古稱切生魚片，曰「斫鱠」。斫鱠有許多刀法，如「藿葉切」、「柳葉切」等，藿是豆類的古稱。切成豆葉、柳葉形的魚片後，還要細切，即

《孔子聖跡圖・命名榮貺》【明】佚名 繪

聽古物在說話：
從飲食、娛樂到禮俗文化，原來古代生活好愜意！

孔子十九歲成婚，第二年生一子，魯昭公賜他鯉魚一尾。為顯耀國君賞賜，孔子遂為兒子取名孔鯉，字伯魚，用志不忘君恩

「絲縷切」。杜甫有詩曰：「䜴化蓴絲熟，刀鳴鱠縷飛」，就是形容這種刀法的。

　　古代中國食鱠，是很講究藝術美的。若是鯉、鱸等的白色魚絲，則盛以金盤，黃白相映，甚為可觀。於是食客用「銀縷簇金盤」、「金盤白雪高」等詩句來讚美。同時，也加青菜、紅果作為點綴，故有詩曰「冰盤行鱠簇青紅」。那青青的，是斜放的香蒿；那紅紅的，是枸杞。當然，紫蘇也是經常作為點綴添味的香菜。據說，紫蘇葉還有解除魚蝦之毒的功能。

　　五代以前，中國無論南北，食鱠是很普遍的，所以，出行的人們多自備鱠具。凡食鱠者，大多是自斫自食，無求於人。不少詩人文豪，便身懷一手絕妙的斫鱠技藝，「操刀響捷，若和節奏」，「離若散雪，輕隨風飛」。有的皇帝也是斫鱠能手。唐玄宗李隆基就是一位佼佼者。他不但自己斫鱠，還將「鯽魚及鱠手刀子」賞賜給他的寵兒安祿山，讓這個胡兒也學此藝。唐畫家杜庭睦畫有一幅《明皇斫鱠圖》，記錄了此事。此畫後為宋代皇家的御寶之一，南宋時此畫尚存。

　　北宋時，南方食鱠之風尚盛，而北方漸少，以至於在京都開封要找個斫鱠手已非易事。文學家歐陽修、劉原甫，都是江南人，喜食鱠，然家中已無人能操刀斫鱠了。文學家梅堯臣，也是江南人，家有老婢，獨善此藝。所以，歐、劉等就常常

北宋畫像石庖廚圖

山東沂南漢墓畫像石，刻畫了漢代的飲食風俗

提上幾尾鮮魚去梅家食鱠。梅家也常備活魚，以待來客。因之梅堯臣寫
下了許多詠鱠詩句。《明皇斫鱠圖》今不得見，梅家老婢如何斫鱠，也
不得見。但是，考古卻發現宋代廚娘斫鱠的畫像磚。那是在河南偃師出
土的。圖上有方桌，桌上置砧，砧上有魚，砧旁有鱠刀。桌前有一爐，
爐火正旺，上置一釜，釜在煮羹。顯然，這幅羹鱠圖，重現了千年以前
的治鱠情景。

古人吃魚愛配哪些調味料？

魚片的味道如何，同調味料密切相關。所以，老夫子不但「鱠不厭
細」，還鄭重聲明，「不得其醬不食」。醬是指調味品。孔子時代，食鱠
的調味品主要是「芥醬」，用芥末製成。現代，在日本的生魚片調味料中，

有用辣根（學名「山葵」）製成的「芥味醬」，可謂保存了孔老夫子時代食鱠的古風餘韻。

吃生魚片加調味料的風俗也是相當古老的。先秦天子祭天祀祖，供俎生魚時，也要擺上「五齊」。「五齊」，即「五齏」，包含多種調味品，諸如韭花泥，芥末，蒜泥，用蘇子、胡芹等製成的調味料等。

西晉時，巨富石崇冬天食鱠，用一種「韭蓱齏」，蓱，即浮萍。另一巨富王凱聞說，不知如何製成，就買通石崇的下人，方才打聽到是用韭根雜以鮮麥苗搗爛製成的。

南北朝時，有「金齏玉鱠，東南佳味」的說法。何謂「金齏」？《辭源》中說，吳中以蓴菜為羹，「菜黃如金」，因稱「金齏」。這一解釋未必確切。蓴菜之羹，色黃當稱「金羹」。齏乃調味料，色黃方稱「金齏」。羹、齏非一物，不能混為一談。《齊民要術‧八和齏》談到用蒜、薑、橘、梅、鹽、醋等合成食鱠調味料。其中特別指出要加放熟栗黃，因齏中橘多則色不美，故加栗黃，取其金色，又益甜味，即所謂「金齏」者也。

唐宋時，鱠齏有的不用橘子，而改用柳丁。梅堯臣詩曰「霜橙可為齏，冰鱠思下箸」。即為

《端午圖》任伯年 繪

端午吃黃魚是江浙一帶的風俗，這幅圖表現了畫者家鄉端午的應景節物

一證。

　　當代食鱠，佐料已大不相同了。滿洲裡的農家食生魚片，調味料是醬油、醋、麻油、胡椒粉，少量白酒。但也未忘了薑、蒜。姜、蒜切成末，入在佐料之中，非常提味。

　　在食鱠中，還有一佐料，名曰「薤頭」，有鱗莖，名薤白，搗爛成泥狀，或細切若絲。南宋陸遊曰：「醯醬點橙薤。」薤，即薤頭泥，加橙與醬、醋調合成佐料。如今，中國已少有以薤頭為調味料的了，可這種古風在日本猶存。有次初見薤頭絲，還誤以為是蘿蔔做的呢！因之，令人不勝感慨，古代許多文化風俗在中國早已不存，可有不少卻在日本原樣保留下來，或仍存古風餘韻。吃生魚片以及它的佐料，僅是千萬中之一例罷了。

豆腐

豆腐，是人類最早提取出的植物蛋白質，而今不但是東方的佳餚，且享譽世界。人間第一個嚐百草的是聖人，第一個敢於吃螃蟹的是勇士。那麼，首創豆腐的人不應得到更多的尊重嗎？

然而，首創豆腐製作方法的是誰呢？千百年來，人們就在探索，近幾十年的研究更盛了，但一直是個難解的文化之謎。

豆腐到底是誰發明的？

談到豆腐的起源，就不能不提到南宋成書的《全芳備祖》中記載的朱熹的一首豆腐五言詩：「種豆豆苗稀，力竭心已腐。早知淮南術，安坐獲泉布。」

朱子感嘆，種豆子，苗兒總出不好，稀稀落落，竭盡力氣總不成，弄得心灰意懶。若早些知道西漢淮南王劉安做豆腐的方法，不種豆子，而用豆種做豆腐，也能安安穩穩賺到銅錢了。朱熹怕人把他說的「淮南術」誤認為煉金煉丹的方術，就自注曰：「世傳豆腐本為淮南王術。」宋、元、明、清以來，大凡談及豆腐始於漢代的說法，多是從這首豆腐詩引申開來的。

有趣的是，這位最早記錄了豆腐起源傳說的學者，卻是位終生不吃豆腐的人。據清人梁章《歸田瑣記》說，原因是：他發現，「初造豆腐時，用豆若干，水若干，雜料若干，合稱之，共重若干，及造成，往往溢於原稱之數。格其理而不得，故不食。」這位老先生平素以為「蓋人之心靈莫不有知，而天下之物莫不有理」。多出來的斤兩，

《大豆圖》【南宋】任仁發 繪

聽古物在說話：
從飲食、娛樂到禮俗文化，原來古代生活好愜意！

既然不知道緣故，就不吃。這個故事，刻畫出了朱熹的性格，認真得可愛，也迂得可以。誰會相信這樣一位學者會去編造淮南王的神話呢？顯然，朱熹記錄的淮南王術的傳說早在他以前就廣為流傳了。

淮南王是怎樣製作豆腐的，其方法傳下來了嗎？這對研究豆腐的起源很重要。為此，我於 1976 年特地去淮南王故地安徽省壽縣做了些考察，重要收穫之一是品嘗了相傳是按照淮南王術製作的淮南名產「八公山豆腐」。

淮南豆腐何以又冠上「八公山」之名呢？原來八公山得名比淝水之戰還早 500 多年。相傳，淮南王劉安，折節下士，曾請蘇非、李尚、左吳、田由、雷被、毛被、伍被、晉昌八人集體編寫了《淮南子》一書。他們在後世的傳說中被神化了。該山原有淮南王廟，今存淮南王墓，相傳八公與劉安曾在此升仙，故得名八公山。

八公山豆腐既以仙山為名，何況它品質極佳，故歷來被視為豆腐中的神品。八公山豆腐的確給人留下美好的回味，它鮮嫩、綿滑、微甘，既沒有北豆腐的苦味，也沒有南豆腐時而略有澀感。一般豆腐做湯，豆腐沉底，八公山豆腐卻浮於水面。一般豆腐，1 斤黃豆可出 3 斤；八公山豆腐，1 斤黃豆則出 4 斤至 5 斤。

八公山豆腐何以如此呢？據說除了選料精、加工細、不用鹵水外，尤得益於用水。那水出自八公山上一股甘冽的清泉，當地人稱之為神泉。因而，八公山豆腐成了淮南的著名特產。

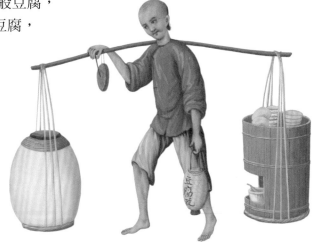

賣豆花

豆腐源於遊牧民族的乳酪？

豆腐創始者的桂冠加於淮南王頭上 2000 多年，從來沒有人懷疑。然而，當代中國著名化學史家袁翰青教授卻著文提出了異議。他說：我查遍《淮南子》，不見有「豆腐」二字，連豆腐的別名「黎祁」「來其」也沒有。我翻檢了歷代大量有關文獻和資料，查不到唐代以前有關豆腐的任何記載，只在宋寇宗奭於 11 世紀末著的《本草衍義》中有磨豆腐的話。原文是「生大豆……又可磑為腐，食之」。磑，就是用石磨磨。這證明宋已有豆腐。從而可以推想豆腐的開始製作大概是「在五代的時候，九世紀或十世紀的時期」。

袁氏以文獻無征為根據，否定了朱熹的豆腐起源於漢的說法，摘下了淮南王為豆腐發明家的桂冠。袁氏並頗有見地地指出，豆腐的始創者是農民，是他們在長期煮豆磨漿的實踐中，得到了這種優美的食品。從而把那頂桂冠奉獻給了當之無愧的中國農民。

賣豆腐

這是 1950 年代的事。1960 年代，日本學者又繼續追索這一問題。最重要的成就是筱田統教授在五代人陶谷著的《清異錄》中找到一段有關豆腐的文字：「時戩為青陽丞，潔己勤民，肉味不給，日市豆腐數個，邑人呼豆腐為小宰羊。」筱田氏認為，這個唐代的故事就足以說明早在唐代中期就有豆腐的製作，並在市場上出售了。

其實，《清異錄》關於豆腐的記載，在清代道光年間就已編入工具書《格致鏡原》，是不難

檢索的。

　　筱田氏的考證，將豆腐的歷史向前推移了大約 100 年。可是，他在修改袁氏結論時，竟把袁氏已然歸還給中國農民的桂冠又拿去送給了遊牧民族。他認為北方遊牧民族大量遷入中原後，原來喜食的乳酪不易得，才發明了代用品豆腐。說者無據，反證亦難。姑且說者說之，聽者聽之吧！

　　豆腐起源的研究，自袁氏首倡從文獻學的角度考察以來，將研究的方法從猜測、臆想引入了科學的軌道，於實事求是的基礎之上，取得了相當可觀的成績。但在得出豆腐始於唐末或五代的結論之後，已裹足不前了。因此，近年來已有學者提出疑問：文獻有征是言之有據，難道凡文獻無征的就是客觀上不存在的嗎？比如製瓷，文獻有征的歷史只有 1600 年，最多只能上溯到 2000 年，而瓷器卻早在 4000 多年前就以其原始形態出現了。又如，「茶」字，是唐代陸羽將「荼」字去掉一橫，才有了「茶」字，難道在沒有「荼」或「茶」字之前，古人不曾品嘗過茶葉的味道，中國也沒有茶樹嗎？豆腐也是如此，難道在文獻無征的時代就真的也不存在嗎？

　　考古工作者曾報導說：在河南密縣打虎亭一座東漢墓的畫像石上，發現一方反映豆腐作坊的石刻圖。這豆腐作坊圖上，有磨豆腐的小磨，有鍋有灶，似在蒸煮什麼，又有大大小小的缸盆，有的其中似有沉

河南密縣打虎亭漢墓畫像石

圖畫表現了製作豆腐的主要工藝流程：
浸豆、磨豆、濾漿、點漿、榨水等

《耕織圖》（局部）【元】程棨 摹 樓璹

礱，一種農具，像石磨一樣，用來碾稻殼，多用木料製成

澱物，像在做豆腐。這一畫像是否確為一幅「豆腐作坊圖」，目前學術界尚存異議。

但是，我在安徽壽縣博物館，見到一東漢陶製水磨模型，構造與今日用來製作八公山豆腐的水磨沒有什麼兩樣。類似的水磨模型，在淮水流域漢墓中也有出土，如安徽阜南、江蘇徐州等地就有不少。南京博物館陳列有越土岡出土、鄧府山出土的六朝時的紅陶拐子磨模型，與今日農村各地仍在沿用的磨豆腐的拐子磨構造幾乎一模一樣。

最早的石製水磨，是 1968 年在河北滿城西漢中山王劉勝墓中發現的。那水磨分上、下兩扇，是用黑雲母花崗岩打製的。高 18 公分，直徑 54 公分。石磨頂部，中心內凹，四周起沿，便於注水。石磨下部尚無磨盤和水槽，而另有一比石磨還大許多的特大青銅漏斗。漏斗若盆狀，中心有漏孔。

其上口直徑 94.5 公分，底徑 29 公分，高 34 公分。石磨就置於漏斗中央。磨出的漿液匯到漏孔流下，下有容器承接。石磨與青銅漏斗原有木架支撐。這盤水磨，從其尚無磨盤水槽看，仍保留著脫胎而來的旱磨特徵，是水磨發展的早期構造。但有了銅漏斗，用以磨製豆漿是很適用的。這水磨的主人劉勝（前 154—前 113 年在位），與淮南王劉安（前 179—前 122 年）是同時代人，劉勝比劉安謝世晚 10 餘年。從而可以肯定，這水磨與相傳淮南王術的發明年代約略是相當的。

在今日之皖北、蘇北、豫東南以及魯南，即大致上相當淮水流域，自古以來，人們傳統的主食是煎餅，至今古風猶存。製作煎餅，就要先把米、豆等用水泡過，要用水磨磨成糊，將糊攤於鍋上，一煎即成。因之，這一帶幾乎家家備有水磨子。漢代的水磨子接連出土表明，早在 2000 多年前，淮河流域的人們已經吃煎餅、喝豆漿了。

如何還原古代豆腐的製法？

有了水磨，有了黃豆，又磨出了豆漿，可不可能做出豆腐呢？對此，許多行家是搖頭的，說少了鹵水和石膏是做不出豆腐的。袁氏曾經推斷豆腐是農民在長期磨製豆漿時發明的。曹元宇教授則指出，農民雖可磨豆漿，可他們手裡卻缺少凝結劑。因之有人推斷豆腐最初有可能是手中握有凝結劑的醫生、方士發明的。其實，並不盡然。

殊不知，古人做豆腐所用凝結劑是很多的，求取也不難。明人李時珍《本草綱目》記載的凝結劑，除鹽鹵汁、石膏末之外，還有山礬汁、酸漿、醋等，並說大凡鹹苦酸辛之物皆可。依此而論，農民手中是有凝結劑的，而且很多。據家兄郭輔周將軍回憶：「1952 年，在朝鮮戰場，志願軍的後勤供應一度很困難，我們就上山採野葡萄，炊事班用葡萄汁點豆腐，改善生活。」可以說，野葡萄汁是一種天然的凝結劑。

殊不知，在豆腐製作史上，有使用凝結劑的成熟階段，還有不用凝結

劑的原始階段。猶如釀酒有用酒麴釀酒的成熟階段，也有不用酒麴的原始階段一樣。豆腐者，它的名稱就已自道出了其起源之謎。初始，本為豆漿腐壞之後所形成者也。猶如牛乳腐壞所成者名之曰「乳腐」，乳腐也稱優酪乳，亦因奶酸形成並由之得名者也。豆漿酸腐即自澱，若豆腐腦兒狀，略去水即成豆腐。將水榨乾，即成豆腐乾。豆腐之始初，或為偶然而得，亦並非美味，自然也不知使用什麼輔助劑。為了驗證這一想法，我曾幾次將豆漿煮沸後令其自腐自澱，進行實驗，其結果是成功的。1979 年，北京市食品研究所的女科學家劉玨和黃玉燕，在一次偶然的機會中，發現豆漿變酸，有所凝固，像酸牛奶似的。她們的發現與我的實驗是一致的。其實，這種現象，古人早已發現。

　　元代女詩人鄭允端有一首豆腐詩：「磨礱流玉乳，蒸煮結清泉。色比土酥淨，香逾石髓堅。」這首詩所講的就是不用凝結劑的一種蒸煮自澱法。

　　這一方法中，「蒸煮」是重要的一步。豆漿經過蒸煮，可促使豆蛋白、脂類等凝膠結絮，在保持一定溫度條件下，經過相當的時間，即漸漸自澱，水滲出聚於上，狀若清泉。再將沉澱物加壓濾水，使之成為塊狀，比土酥（蘿蔔）還白淨，比石髓（石鐘乳）還香的豆腐就做成了。豆腐是什麼？豆腐就是煮熟了的豆蛋白、脂肪和水凝聚而成的膠結體。

　　煮沸過的豆漿，不用凝固劑，能否自澱呢？有些學者對此是有疑問的。中國科學院自然科學史研究所洪光住同志在《豆腐身世考》一文中，曾做出肯定的回答。他說：「所謂自澱，就是把事先做好的豆漿，保持在一定的恆溫中，經過 8 小時的沉澱作用後，溶膠周圍的水膜和負電性，便逐漸受到破壞而消失，豆蛋白、脂類等便以絮狀物的形態沉澱下來。如果將沉澱物過濾，沖洗擠壓去水，就可以得到既沒有鹽鹵的苦澀味，又極細嫩的豆腐了。」他又指出：「但是，這種原始的自澱方法，不能在短時間內大量製成豆腐，必須尋找出合適的凝固劑，才能進行大量生產。」

　　是的，這種自澱法是原始的，但它卻足以說明，在豆腐的發展史上，

有已知使用鹵水、石膏點豆腐，找到了凝固劑的成熟階段；也有在豆漿自
澱中得到了豆腐，卻不知凝固劑為何物的原始階段。

關於豆腐的起源，作為一管之見，我認為，早在漢代的淮水流域是有
條件製作豆腐的。豆腐的創始者當是古代淮水流域的農民。或許淮南王劉
安曾將當地這種特產的製作方法與工具，獻給朝廷和諸王，從而使豆腐廣
為傳播，後世遂將此項發明記在他的名下而流傳開來。當然，這準確否，
還有待繼續考證。但是，目前可知一點，即考古已發現有兩漢魏晉南北朝
的大批陶質水磨，至今還沒有發現早於淮南王時代的，而在其後，數量則
越晚越多，做法也不斷有所改進，是值得發人深思的。

生肖

生肖，是用來記人的生年屬相的，為十二種動物。因有十二個，故稱十二生肖。它們是：鼠、牛、虎、兔、龍、蛇、馬、羊、猴、雞、狗、豬。龍年出生的人屬龍。兔年出生的人當屬兔。可是，在不同的民族和國家，也不盡如此。比如龍年出生的中國哀牢山彝人，屬相是穿山甲；中國兔年出生的越南人，屬相卻是貓。

生肖，幾乎是具有世界性的民俗現象，在東方文化中更為流行。中國、朝鮮、蒙古國、日本等許多國家和地區，先後發行生肖郵票，頗受歡迎。這或許同東方人對自己的屬相動物有某種特殊的感情有關。

生肖禁忌都有哪些事？

過去，屬羊的不吃羊肉，屬牛的不喝牛羹。我女兒屬猴，她不准說猴子不好。兒子屬豬，總說豬對人類的貢獻。他們並不迷信，只是有那麼一種特殊心理。這種心理在中國人中較為普遍。也有的把自己的生肖動物視為保護神。凡到著名道教聖地北京白雲觀參觀的，少有不到排列有六十位尊神的元辰殿去找一找自己生肖的。這有點兒神祕色彩，但尋找保護神的人們未必出於迷信，而是出於對自己屬相的一種特殊感情。

蛇，在中國被看作五毒之首，令人生厭。所以。凡屬蛇的，都不說屬蛇，而雅稱為「小龍」。據說日本也有類似的風俗，日本人對家豬缺少好感，故豬年不稱「豬年」，而改稱「野豬年」。對豬年生的人可不能說「你屬豬的」，否則，就算是心上人也會生氣

古人的文化‧風雅

的。在中國,這樣說就毫無忌諱。

往昔,如果是皇帝的屬相動物,那便要成為全國的大忌,歷史上有許多關於生肖禁忌的荒唐故事。

北宋時,徽宗屬狗,他曾詔令「禁止天下殺狗」。狗肉在那時如同今之牛羊肉,是重要肉食之一。太學生聞禁殺狗,聚眾去宮門抗議,質問道:「神宗皇帝(徽宗之父)生於戊子年,為何當時不禁養貓?」措辭雖尖刻,但出語巧妙,皇帝也無可奈何。

元朝時,蒙古人還不習慣於以干支紀年。行文仍寫鼠兒年、兔兒年、羊兒年。生肖觀念甚重。仁宗是個開明君主,可有一年也忽然降旨:在大都(今北京)城內外,禁止倒提雞。原因為雞是他的屬相。

明朝時,武宗屬豬,正德十四年(1519 年)詔令全國,「嚴禁畜豬」,違者充軍。第二年清明,皇家祭祖,要用牛、羊、豬三牲,結果

《圓明園西洋樓版畫》 【清】郎世寧 繪
圓明園海晏堂西面噴泉前面是十二生肖首

竟找不到一頭豬了！

清朝時，慈禧太后屬羊，她忌「羊」字。御膳房做菜用的羊肉，都改稱「福肉」、「壽肉」。同治年間，梆子名伶侯俊山在宮內侍演《玉堂春》，蘇三起解時有句唱詞：「我好比羊入虎口有去無還。」慈禧一聽，勃然大怒，立即命令停戲，並要嚴懲他。太監李蓮英再三解釋和說情，那名伶才算倖免於難。後來，這句臺詞就改為：「我好比魚兒入網有去無還。」慈禧不僅忌羊，還忌羊的反義詞。北京頤和園西側有個六郎莊。有一天，慈禧登頤和園萬壽山觀景，順手指著園外問：「那叫什麼村子？」隨人忙答「六郎莊」。她一聽，又頓時火起：「好啊！六狼莊，一條狼進來羊都抵擋不住，如今六條狼在園外，你們眼瞅著不管，都是白吃俸祿的！」隨人哭笑不得，也不敢解釋，無奈，只好把六郎莊改名太平莊。

與禁忌相反，也有尊崇的。五代時，蜀主王建是屬兔的，他諡寶璽紐的龍頭刻成兔首。這方諡寶，幾十年前，在成都王建墓已被清理出土。這在歷代帝王的璽印中是獨一無二的。

生肖禁忌，在民間主要表現在婚俗上。男婚女嫁，往昔是很重屬相的。若一個屬豬，一個屬猴，就被認為不宜成婚，說是「豬猴不到頭」，即不能白頭偕老。若一個屬虎，一個屬蛇，也不宜結合，否則會爭鬥不已，兩敗俱傷。有首生肖禁忌歌，20 世紀，年紀稍長的人多能背誦。歌詞是：

> 古來白馬犯青牛，羊鼠相交一旦休。
> 猛虎見蛇如刀錯，兔兒遇龍淚交流。
> 金雞玉犬莫相見，亥豬一生怕猿猴。

用生肖禁忌來指導婚配，顯然是一種迷信。還有的認為馬年不能結婚，否則，結了婚也會踢散，更是荒唐。但是用生肖禁忌歌來探尋生肖的起源，不失為一份可供參考的資料。

《十二生肖》徐悲鴻 繪

《十二生肖》徐悲鴻 繪

聽古物在說話：
從飲食、娛樂到禮俗文化，原來古代生活好愜意！

　　生肖禁忌歌反映的是農牧生活可見的生活畫面。在草原上，牛馬成千上萬，卻各自為群，不相混雜，青牛白馬攏不到一起。故有「風馬牛不相及」的古老成語。羊與鼠也有矛盾，草盛羊壯，鼠必少見，反之，鼠盛則草衰，草衰則羊饑。有趣的是這裡不是貓、鼠相忌，可知，鼠入生肖之時，貓還不曾家養，鼠也不是重要家害。龍為司雨神物，草原上兔窟淺陋，一遇大雨滂沱，兔境慘然。雞犬相鬥，是農家常見景象。豬和猴，也不可能養到一個圈裡。從禁忌歌中生肖動物的關係來看，十二生肖反映的是遊牧與農耕並重時代的景象，大概早在遊牧時代已肇其端了。

子鼠何為生肖首？

　　十二生肖中，論品德，論行止，沒有不比「鼠」強的，論神通莫過於龍，論勇猛莫敵於虎。何以龍、虎不為生肖之首，而令老鼠竊踞生肖之首呢？這問題早在上千年前就已提出，引起一番探討。幾百年來，約略有五種說法：

　　一是陰陽說。在這裡陰陽是依據動物蹄足的奇偶而定的。據說虎五趾，龍五爪，猴五指，狗五趾，馬奇蹄，均為奇數，屬陽。牛、羊、豬皆偶蹄，兔兩趾，雞四趾，蛇有雙舌，均為偶數，屬陰。唯有鼠特殊，前腳四趾，後腳五趾，一偶一奇，陰陽俱備，故列之於生肖之首。

　　這種說法有無根據？龍是否歷來就是五爪？兔是否有兩趾的？鼠趾是否前四後五？這且都不去管它。但知，這是宋人洪巽聽一個算卦人說的，隨之記在《暘谷漫錄》筆記中，本為騙人之說，對此又何必頂真呢！

　　二是時序說。即依生肖動物活動的時間序列安排的。說牛在丑時倒嚼，虎在寅時最凶，兔在卯時活躍，龍喜辰時行雨，蛇在巳時不傷行人……老鼠在半夜子時出來活動。一日的起止，是從半夜子時劃分的。因之，鼠為一日十二辰之首。這個說法，據說是南宋理學家朱熹提出的，當時學者王應麟就斥其「牽強附會」。因此，我們也毋庸贅語。

三是爭先說。相傳，軒轅黃帝安排十二生肖動物值班，誰先誰後，以賽跑決定。老鼠心生一計，跳上牛背。臨到終點，它爬上牛角，頭探於前，爭得了冠軍。這是民間故事，無須考證。

　　四是二十八宿說。近年有人提出，生肖序列是根據天上二十八宿的序列來的，力圖作出「科學的」解釋，更為牽強。或許，十二生肖與二十八宿的產生，兩者究竟孰先孰後，還有待研究吧！

　　五是神祇說。也有人認為，中國十二生肖來源於印度的十二生肖。印度的十二生肖，原是十二位神祇座下的十二神獸。據《阿婆縛紗》和《行林鈔》記載：招杜羅神將駕鼠，毗羯羅神將駕牛，宮毗羅神將駕獅，伐析羅神將駕兔，迷企羅神將駕龍，安底羅神將駕蛇，安彌羅神將駕馬，珊底羅神將駕羊，因達羅神將駕猴，婆夷羅神將駕金翅鳥，摩虎羅神將駕狗，真達羅神將駕豬。若此說有據，那麼，十二生肖鼠為先，是鼠所從侍的神祇為十二神將之首的緣故了。十二生肖的排列，若出之於宗教神話，那根本就用不著進行科學考證了。

　　其實，這裡所說的只是中國、印度的十二生肖，中國、印度生肖確實是以鼠為先的。但是從世界範圍來考察，有些古老民族的神獸中，根本就無鼠，更談不上以鼠為先的序列。甚至，有些生肖中還有昆蟲、水族、植物、無生物，什麼奇偶陰陽、出沒時間的孰先孰後就更談不上，同二十八宿也毫不相干。

　　筆者以為，十二生肖的序列，原本就沒有什麼科學根據，用不著煞費苦心地去探討，大可不必強為之作解，也免得謬說流傳。

生肖是怎麼來的？

　　話及「生肖」，辭書上多說：舊時用十二種動物配十二地支來記人的生年。這種解釋似乎認為生肖離不開地支，兩者總是相配。其實，不少民族在歷史上都只以生肖動物名稱紀年，而不用地支。如前述蒙古人，

清蘇繡十二生肖圖袖邊

就只說兔兒年、羊兒年。鮮卑人、黠戛斯人（今柯爾克孜族、吉爾吉斯人先民），以及北方許多遊牧民族，也曾這樣用。

干支紀，是華夏民族的傳統紀時方法。干，又稱天干、十干，即甲、乙、丙、丁、戊、己、庚、辛、壬、癸。早在夏代，十干就用來紀日，距今近 4000 年。支，又稱地支，即子、丑、寅、卯、辰、巳、午、未、申、酉、戌、亥。商代甲骨上就刻有天干地支相配的六十甲子表，距今已有 3200 多年。夏商時，干支只用作紀日。春秋時，始用干支紀月。東漢建武三十年（54 年），始用干支紀年。在用干支紀年以前，華夏傳統的紀年，先後曾用過「歲星紀年法」、「太歲紀年法」。「歲星」指木星，「太歲」是假設的木星。設想它們在天空十二年運行一周天，以其所在的方位來紀年。但是，簡單的

十二獸曆，當比以天文觀測為依據的歲星紀年要原始得多。初時，為什麼要選用大約十二年一周天的歲星紀年呢？後來，為什麼當發現歲星並不恰好十二年運行一周天，就假設了一個代替歲星的「太歲」，仍假定它在天上十二年運行一周天呢？這是否因為在使用「歲星紀年法」以前，已有一種十二年一周始的原始曆法呢？這是發人深省的。

在中國古代，無論北方和南方，都有些民族使用十二獸曆，以十二獸名稱紀年，即十二年一周始。

雲南哀牢山彝族自古以來就使用十二獸曆，遇有重大節慶，舉行重大活動，還要請女巫裝扮成十二神獸，跳神獸舞。十二神獸的名稱是：虎、兔、穿山甲、蛇、馬、羊、猴、雞、狗、豬、鼠、牛。他們的十二獸曆中，沒有龍，而有穿山甲。另一特點是以虎為首，而非以鼠為先。彝族以虎為首是有原因的。他們自認為是虎族，是虎的子孫，尊母虎神為始祖。每三年舉行一次的祭神大典，要選在虎月（首月）的第一個虎日。在當地母虎神廟舉行。家家門上都圖以虎形，以示對虎的尊崇。

彝族的這一古老風俗揭示，十二生肖源於十二獸曆，與圖騰崇拜有千絲萬縷的淵源。

十二獸曆，或類似的原始紀年法，不僅中國有，在世界文明古國印度、埃及、巴比倫也有，在歐洲的希臘也有。

印度的十二獸曆，在上述所引的神將坐騎中已經開列。這些動物與中國十二生肖相比較，印度的是有獅而無虎。原因可能是古印度產獅，而不產虎；中國則有虎無獅，那是在中國的十二生肖已形成之時，西域的獅子還未來到中國。這些特點在各自的十二生肖中都反映出來了。

越南的十二生肖與中國的十二生肖相近似，只是將兔去掉，換上了貓。

埃及與希臘的十二獸曆是一樣的，其名稱是：牡牛、山羊、獅、驢、蟹、蛇、犬、貓、鱷、紅鶴、猿、鷹。

　　巴比倫的十二獸曆與埃及和希臘的相比，只是沒有蟹，代之以蜣螂。

　　看到異國這些十二獸曆的內容，不禁令人想起中國古代的蠟祭來。蠟祭在夏代稱「清祀」，商代叫「嘉平」，周代稱「蠟祭」。秦始改「蠟」為「臘」。每年農事完畢，就舉行蠟祭。所祭的對象是：農神、百穀種子、田間道路與草棚、貓、虎、堤防、水溝、昆蟲。為什麼祭它們，因為它們一年中對農事都盡了力，貓、虎吃了田鼠，保護了莊稼。昆蟲也沒來為害。祭祀時，女巫化裝成貓、虎、昆蟲、農神等神祇。故有「臘八」一名。這是中國傳統臘八節的由來。蠟祭是一種原始崇拜，所祭祀的物件，無不一一與當地的農業生產及原始信奉有著某種聯繫。

　　在世界文化中，十二生肖紀年法源出十二獸曆，似都同原始圖騰崇拜有關，由來可謂久遠。

　　世界各古老文明中的十二獸曆的起始或有先後，但被文獻記錄下來，卻都不早於西元 100 年。中國十二生肖最早的記錄見東漢王充《論衡・物勢篇》，距今已有 1900 多年。

　　新的考古發現又將這一記錄推前了。1975 年，在湖北雲夢睡虎地 11 號秦墓發現秦簡《日書》，即類似日曆的書。《日書》寫成於秦昭王二十八年（西元前 279 年），書上已有十二生肖的記載。內容是：「子，鼠也；丑，牛也；寅，虎也；卯，兔也；辰（原簡漏抄生肖）；巳，蟲也；午，鹿也；未，馬也；申，環（猿）也；酉，水（雉）也；戌，老羊也；亥，豕也。」其中午為鹿、未為馬、戌為羊，與現在生肖不盡相同，反映著一定的原始性。如果這一釋讀無誤，中國十二生肖有文字可考的歷史就可以上溯到距今 2200 多年。這不僅是中國的，也是世界關於十二生肖最早的完整記錄。

　　但是，世界上先民創造並開始使用十二獸曆的年代，比之有文字記載的歲月，要古老得多得多呢！

《孔子聖跡圖・漢高祀魯》【明】佚名 繪

墓藏時奉祠孔子

家後世因廟藏孔

一 武喜至漢

二百餘年不絕漢

高皇帝過魯以太

祠焉

贊曰

穆穆廟庭

堅德斯尊

蕭蕭永冠

聖澤斯存

漢祖崇儒

躬謁闕里

太牢之祠

百代伊始

漢高祖劉邦乙太牢（豬、牛、羊）祭祀孔子，這幅圖再現了祭祀場景

書信

相傳，書信在西方的起源，是頗為奇特的。

古希臘時，奴隸主曾把書信寫在奴隸的頭皮上，並用他做信使傳遞消息。方法是先把奴隸的頭髮剃光，再寫上書信的內容，待頭髮長出，就打發他把這種信送出去……這樣的信奴簡直是具有多種功能的活工具，其頭皮為紙箋，頭髮當信封，人又可充當信差。想必當時在傳遞保密信時才這樣辦的吧！

然而，在東方的中國古文化中，書箋、信函、璽封、驛傳，有著獨具特色的不同名稱和含義。諸如「尺牘」、「尺帛」、「雙鯉」、「芝檢」、「雁足」、「鴻鱗」等，各有典故和來歷。這裡略尋其源。

書信有哪些雅稱？

元人所著《琅環記》中有首情詩，這樣唱道：「花箋制葉寄郎邊，江上尋魚為妾傳。郎處斜陽三五樹，路中莫近釣翁船。」

箋，指信紙，「花箋」，是一種小幅的用華麗紙張製成並飾有花紋的信紙。古時著名的花箋很多，有五色箋、錦色箋、百韻箋、鳳尾箋等，或出之於吳（今蘇州、南京一帶），或出之巴（今重慶）、蜀（今成都一帶）。最著名的是蜀箋中的薛濤箋。它因是唐代女詩人薛濤親自製成的小箋而得名。「薛濤箋」是取易於造紙的成都浣花溪的水，將芙蓉、荷花等花瓣煮爛搗成泥為染料，調勻後反覆在紙上塗後陰乾，故又名浣花箋。深紅、粉紅、明黃等多種顏色，打破了當時沉悶枯燥的單一色調。

唐宋書箋，不僅因彩色絢麗、圖案典雅而引人愛憐，有的還加入香料，製成香箋。唐詩中有「香箋詠柳詩」之句，說的便是這種書箋。

紙箋問世之前，古人長期使用的書箋是簡牘，也就是竹片或木片。目前已知的最早書信，就是兩片木牘，上有墨書 200 多字，是秦兵黑夫和驚兩人從河南淮陽寄到湖北雲夢的家書。此信寫於戰國末年，是已知

的木牘書信之一。

《詩經‧小雅》有句曰：「豈不懷舊，畏此簡書。」這是以竹簡為書箋的最早記載之一。該詩作於西周宣王時代，有 2800 多年了。

古人以簡牘為書箋，標準長度為一尺。故書信又有「尺牘」、「尺簡」之名。古代也以價值昂貴的素帛為書箋，故書信又有「尺帛」、「尺素」之稱。

簡牘有短小不足 1 尺的，稱之為「牒」，為「箚」，有若今之便箋。簡牘也有寬長的，用之以示尊敬。史載漢文帝通好匈奴，所用牘長 1 尺 1 寸。匈奴單於答書，牘長 1 尺 2 寸，以表自謙。

竹木製成的簡牘，是否就是書箋中最古老的樣式呢？這還有待研究。

在書寫材料歷史上，古埃及人用過紙草，蘇美爾人用過泥版，古印度人用過貝葉，還有些民族用過獸皮等。

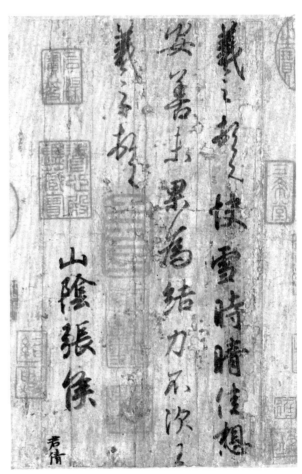

《快雪時晴帖冊》【東晉】王羲之
大雪初晴時王羲之以愉快的心情給親朋友人的問候信

西漢學者路溫舒，少時好學，牧羊時，就從澤中取蒲，截為牒，用以書寫。六朝人董竭，「少遊山澤，拾樹葉以代書簡」。唐及五代有不少紅葉題詩、流水傳書的愛情故事。明人陶宗儀以樹葉做讀書箚記，積之數甕，後經整理成一代名著《輟耕錄》。

最有趣的是本文開頭所引那「花箋制葉」之句，已有花箋，仍折為葉形，也許是樹葉傳情的古風餘韻吧！

文字學也可以為之佐證，南朝名著《文心雕龍》釋曰：「牒者，葉也。」即「牒」字的本義是一片樹葉。漢代字典《說文》則曰：「箋，牘也。」箋、牘的本義都是木片或竹片。依此而言，若說樹葉、木片乃書箋之濫觴，或許是符合歷史實際的！

「雙鯉魚」代指信函？

唐代詩人王昌齡有詩曰：「手攜雙鯉魚，目送千里雁。」

這裡說的「雙鯉魚」，並非真是兩條鯉魚，而是形若鯉魚的信函，在此用以代稱書信。

李商隱有詩曰：「嵩雲秦樹久離居，雙鯉迢迢一紙書。」

這裡的「雙鯉」，也是指的書函。唐代，自貞觀（627—649）年間始，就用厚繭紙製信函，形若鯉魚，兩面俱畫鱗甲，腹中可以藏書，名曰「鯉魚函」。

信函為何製成鯉魚之形呢？典出漢代樂府民歌《飲馬長城窟行》，辭曰：「客從遠方來，遺我雙鯉魚。呼兒烹鯉魚，中有尺素書。」

因這首烹魚得書的民歌，鋪衍出了鯉魚傳書的故事。相傳，三國吳人葛玄與河伯書信往還，就令鯉魚充信使。唐代詩人孟浩然的詩中也說得很明白：「尺書如不吝，還望鯉魚傳。」上述《琅嬛記》中的癡情女子，不也是手持製成葉形花箋，去到江邊，尋魚為之傳書嗎？因之，信函在詩文中往往被雅稱之「魚函」、「鯉封」。書信也叫「魚書」，信使也被稱為「魚雁」。

據唐人著《初學記》載，東漢末年，已有紙製的信函。建安十一年（206 年），曹操曾命令主事者月給其部屬有關人員「紙函各一」，令總結得失，「紙書函封」送呈覽閱。

又據考古得知，英國人斯坦因在中國西北發現 9 封信簡的同時，還發現 9 封紙製信函。

紙製信封在西方的使用大約只有一個半世紀的歷史，而在東方卻有 17 個多世紀了。

漢樂府言及「雙鯉魚」的時候，雖已有紙製信函，但應用尚不普遍，故而聞一多教授在其《樂府詩箋》中釋「雙鯉魚」為一種藏書木函，「其物以兩木板為之，一底一蓋……此或刻為魚形……分之則為兩魚，故而雙鯉魚也」。

我們已知紙箋是由簡牘變革而來，紙製信函之先已有木製信函。木製信函，正如上述，以兩木板為之，一底一蓋。底即「牘」，用以書寫信的內容。蓋名「檢」，用以封牘，其上書寫收信人姓名，有若今之信封的作用。

簡牘之上加檢的木製信函，要縛之以繩，為防繩滑脫，要在檢上刻上繩槽，縛繩兩道，有頭有尾。這在漢代出土文物中多有發現。看來，漢代木製封牘的檢，也可看作鯉魚信封了。

古代書信如何加密傳送？

《後漢書》上說，新莽末，隗囂稱西州上將軍，割據隴西。後欲歸降劉秀。其帥王元主張據隘自守，與囂曰：「請以一丸泥，東封函谷關。」函谷關位於今河南靈寶，其谷若函，故名「函谷」，古時為東西交通要塞，是兵家必爭之關隘。王元卻說丸泥可封此關，極言其輕而易舉。試問，封關何用「丸泥」呢？古之通常用語，今日卻頗費解了。

在書信史上的檢牘時代，欲封其函，則非泥不可，以泥封檢，謂之「泥封」。其泥則名「封泥」。王元之意是扼守函谷關，就如以泥封函那麼

《封泥考略》中的皇帝信璽封泥

容易。

以泥封檢，多在檢上刻出一方形淺槽，以納封泥，名曰「印齒」。也有不刻印齒的，名曰「平檢」。泥則封之於檢上。

泥封之法，在牘檢相合後縛之以繩，繩結於印齒之處，施之以泥，泥上鈐之以璽印。這一封檢之程序，也叫「檢」。「檢」字本為名詞，於是有了動詞之義。

泥封之繩，也頗有講究。如封於檢者，其繩細而圓。封之於囊者，猶如今之封郵袋，其繩扁而寬。顏色也有區別。如新莽尚赤，則用紅繩；紫府仙書，「綠檢黃繩」；祭天封禪，或用「金泥銀繩」，或用「石檢金繩」等等。

封泥，是用一種特產黏土製成。漢製，天子璽封，用紫泥。紫泥出武都（在今甘肅省西和縣境），故皇帝詔書又名「紫泥書」。東漢鄧訓為護羌校尉，有德政，好以青泥為封。青泥出自趙國易陽（今河北永年），羌民自願推鹿車為之千里取青泥，以報其德，傳為佳話。

封泥的製作，因用途不同，填料也不同，還有添加香料的。故封泥又有「金泥」、「芝泥」之稱。詩文中

魯迅寫給鄭振鐸的信，使用的就是精美的彩箋

多以「芝泥」、「封檢」，代稱書信，因之又衍生出有關書信的多種雅稱。這些雅稱，今日已絕少使用，但「芝泥」一詞猶存。但已不僅指昔日之封泥，而成為今日「朱泥」之美稱了。

先秦及秦漢用作璽封的璽印多有出土，印文多為印主的姓氏、官職，也有些為格言或吉語。封泥出土亦甚多，已有學者輯成專書出版。

鴻雁傳書是真是假？

相傳，不但鯉魚傳書，大雁也傳書，故信使又被雅稱為「魚雁」、「鴻鱗」。

鴻雁傳書的故事，典出漢書《蘇武傳》。據載，蘇武出使匈奴，19年不得歸。後漢匈通好，而匈奴卻詭稱蘇武已死。漢使至匈奴，探得蘇武確息，往見單于，稱天子射獵長安上林苑，得一雁，足繫帛書，言武在某一澤中。單於聞言，驚視左右，只好向漢使謝罪。

鴻雁傳書的出典，原係虛擬之辭。但是，後世越傳越真切了。唐人權德輿有詩曰：「主人千騎東方遠，唯望衡陽雁足書。」

《驛使壁畫》

甘肅嘉峪關 5 號墓出土的壁畫，可見當時驛使傳驛的情況

相傳，衡陽有回雁峰，雁至則返。因而古語以「衡陽雁斷」，比喻音信阻隔。又以「雁足書至」，代指音信相通。其實，漢、唐時代，大概鴻雁一次書信也不曾傳遞過。然而，人們還是稱其為「雁使」，稱信使為「雁足」。

可是，在南宋末年，即西元 1274 年，真的有一隻雁充當了元朝的國信大使。

事情是這樣的：

元使郝經出使於宋，被禁於真州（今江蘇儀征）16 年，後得一雁，手書帛書，繫之雁足，而縱之，其書曰：「零落風高恣所如，歸期回首是春初。上林天子援弓繳，窮海累臣有帛書。」

又於詩後書曰：「中統十五年九月一日放雁。獲者勿殺國信大使。郝經書於真州忠勇軍營新館。」

帛書共 59 字，秋季放雁，次年春，果為元人得獲，進呈於元世祖。忽必烈見書惻然良久，遂決意南伐。兩年後，南宋滅亡。這封雁足書後珍藏於元朝祕書監，即皇家檔案館。

自古以來，中國古代的書信多是靠驛傳遞送的。據考證，商朝甲骨卜辭中可考的驛傳館舍名稱不下 30 餘處。西周已在各大要衢設置郵傳館舍。唐朝時郵傳館舍有 1600 餘處，元朝時有驛站萬餘處。

現在還不能確知商代是否有璽封之製，是否已有書信，但確知已有印章，殷墟曾發現商代的銅璽，並出土附有印文的陶片。同時，也確知已有信奴。他們或乘車，或騎馬，迅速將各種資訊報告給殷王。

符牌

符牌，是從古至今被廣泛使用的一種憑證。比如存車，用存車牌；商場、車站等公共場所上的小件寄存，都使用形形色色的存物牌；銀行存款，也使用憑信牌。這種種符牌，質地不一，形式各異，可大多是成雙成對的，乃至有的就是一牌剖開的。有些符牌上或用漆墨編號，或騎縫加蓋印鑒，頗類似契約、介紹信的存根與正文。這種憑信方式在中國源遠流長，早成為中華文化的內容之一，或可稱之為「符牌文化」。

古代信物暗藏哪些防偽系統？

談起剖物為信的古老風俗，凡熟諳中華文化的就會想到「破鏡重圓」的故事。

故事發生在西元 589 年。據唐人孟棨《本事詩・情感》記載：

陳太子舍人徐德言之妻，後主叔寶之妹，封樂昌公主，才色冠絕。時陳政方亂，德言知不相保，謂妻曰：『以君之才容，國亡必入權豪之家，斯永絕矣！儻情緣未斷，猶希相見，宜有以信之。』乃破一鏡，各執一半。約曰：『他日必以正月望日，賣於都市，我當在，即以是日訪之。』及陳亡，其妻果入越公楊素之家，寵嬖殊厚。德言流離辛苦，僅能至京（長安），遂以正月望日訪於都市。有蒼頭（老僕）賣半鏡者，大高其價，人皆笑之。德言直

戰國螭虎紋玉合璧
整個璧切成兩半，作合符使用

引至其居，設食具言其故，出半鏡以合之，乃題詩曰：『鏡與人俱去，鏡歸人不歸。無復嫦娥影，空留明月輝。』陳氏得詩，涕泣不食。素聞之，愴然改容，即召德言，還其妻，仍厚遣之。

　　類似破鏡重圓的故事，在中國文學、戲劇中是很多的，或以折簪為信，或分對鐲為憑，或留只鞋為識，或剖玉為證。民間傳說中有個「打鍋牛」的故事。相傳，明朝初從山西向外移民，洪洞縣有牛氏五兄弟，集結到大槐樹下，方知同姓不能同遷一地。當知從此要勞燕分飛，天各一方，便匆忙將一口大鍋砸成五瓣，各執一瓣，以備將來作為續祖尋親的標記。時至今日，河南、山東等地，凡姓牛的，素不相識，見面要問的第一句話就是「打鍋不打鍋？」若雙方都說「打鍋」，便認為同宗一家。不同時代、不同境遇的人們，大多採取了類似的方法留下憑信物。這反映了共同的文化心態，反映著共有的傳統的符牌文化。

　　符牌文化流行於漢民族，也流行於少數民族。《人民日報》（海外版）曾刊出一個《十二節牛角》的故事，講述了瑤族剖物為信的往事。

　　相傳，盤瑤先民聚居在一個四面高山環繞、與世隔絕的小平原上。這塊小平原叫「千家峒」。千家峒人的始祖盤瓠，生有六男六女，各取一姓，共 12 姓。他們世代繁衍，於是有了千家峒的瑤人。大約在元代，官府發現了這個好地方，就派糧官進峒收租。千家峒瑤民熱情好客，糧官樂而忘返。官府誤認為糧官被殺害，就派來兵馬血洗千家峒。瑤民被迫逃離。逃離前，峒內 12 姓聚議，將一隻牛角鋸成 12 節。各姓瑤民收藏 1 節。約定有朝一日復聚時，以之為憑證，將牛角合攏，吹響三聲，方准入峒，重振家園。

　　幾百年過去了，這「千家峒」在哪裡？經考證它在今湖南省江遠縣大遠瑤族鄉。那 12 節牛角呢？隨著瑤民的遷徙，再也未能聚攏。可是，1988 年 7 月，找到了那 12 節牛角中的 1 節。它收藏在廣西富川柳家鄉平

寨村盤瑤鄧益光家。據鄧氏介紹，這件民族信物傳承了 30 多代。每傳承一代，都要講述千家峒的歷史和 12 節牛角的故事。

從這「打鍋不打鍋」與「十二節牛角」的故事，可見剖物為信的古老風俗在中華民族中影響何其深遠。

擁有虎符就擁有半壁江山？

符牌文化中的重要角色，莫過於兵符。兵符中的佼佼者，則莫過於虎符。只要提起虎符，中國人往往會立刻想到「竊符救趙」的故事。1941 年，文學巨筆郭沫若在將這故事編寫為劇本時，就直題其名曰「虎符」。

《虎符》故事發生在西元前 275 年。

戰國時期，強秦以重兵包圍趙都邯鄲，趙求救於魏，魏派大將晉鄙統十萬虎狼之師往救。可是，魏王懾於秦勢，命令晉鄙只能臨境觀望，不得擅自開釁。趙相平原君心急如焚，一日數使向魏公子信陵君告急。信陵君乃平原君之妻弟，急於往救，可卻手無重兵。於是，故事就圍繞著信陵君如何取得藏在魏王深宮中可以調兵遣將的虎符而展開矛盾和衝突。最終，信陵君靠魏王寵妃如姬的幫助得到虎符，星夜馳入晉鄙軍，合符後，擊殺晉鄙，奪得兵權，一舉大敗強秦，解救了趙國。

虎符這種專用憑信物，原本少為人知。只因了這個膾炙人口的故事，才廣為流傳。

虎符始於何時？從文獻考證，似乎春秋時有「節」而無「符」。「虎符」一名，最早見載於有關信陵君的故事，距今已 2200 餘年。

先秦虎符長怎樣呢？文獻語焉不詳，如姬所竊的虎符也下落不明。可是，先秦虎符在考

戰國陽陵虎符

古中時有發現。如戰國晚年秦國頒發給駐守新郪將領的「新郪虎符」，秦始皇鑄造的「陽陵虎符」等便是。1973 年，在西安東南北沉村出土了「杜虎符」，從而得知先秦及秦虎符的樣式。

　杜虎符呈走虎之狀，虎昂首卷尾。新郪、陽陵虎符，為臥虎之形，均有錯金銘文，字數多少不一。

　陽陵虎符只有 12 字：「甲兵之符，右在皇帝，左在陽陵。」

　杜虎符有銘文 40 字，文曰：「兵甲之符，右在君，左在杜。凡興士被甲，用兵五十人以上，必會君符，乃敢行之。燔燧之事，雖毋會符，行也。」這虎符只有左半，是秦國君頒發給駐守杜地的將領的。它所出土地方，即古杜地。離出土地點兩千公尺處，今有一村名「杜城」。

　秦杜虎符，文中稱國主為「君」，故可確知是秦惠文君在位時（前 337—前 335 年）製作的，距今有 2300 多年。它是至今得見的最古老的虎符，比「竊符救趙」中提到的「虎符」還早半個多世紀呢！

　秦以降，兵符樣式沿用虎形，也時時略有變通。比如符上加銘文，秦虎符的銘於兩側，兩側銘文相同，不用合符也可通讀。漢代所鑄虎符，銘於虎脊，符分字也分，若不合符，則無法通讀。這很像今之契約、介紹信、存物牌，多在中縫處畫押、蓋章或編號。因之，可以說，憑信物採用「騎縫章」的始祖，今日有物可以確考者就是漢代虎符，距今已有 2000 多年。

　兵符歷魏晉南北朝，構造大致相沿，至唐始大變。唐兵符改虎形為魚形。這一方面是因高祖李淵之父名虎，要避諱，不能用虎符。另一方面，李唐因得

新郪虎符銘

「江上鯉（李）魚變蛟龍」的神祕預言而得天下，故崇敬鯉魚，鑄成魚形。武則天稱帝，又改魚符為龜符。因古稱靈龜為「玄武」，中含「武」姓，同時也含有改李姓王朝為武家天下的隱義。

兵符至宋代又改稱「虎符」。可是樣式已如一牌。符牌上部刻篆文，寫著某處發兵符，下部鑄為虎豹飾。符牌中分，右符左旁有虎豹頭四個，左符右旁有四竅，虎豹四頭恰與四竅相契合。

契丹、女真、蒙古的兵符受到宋朝所用符牌的影響，也鑄成牌形，上加契丹、女真、蒙古文字。如元代所鑄虎符，長方形，上端紋飾作虎頭狀。其下有孔，以便繫佩。孔下有蒙文一行，兩面相同。這種虎符俗稱「虎頭牌」。有詩曰：「文武官僚多二品，還鄉盡帶虎頭牌。」後世「符」這一雅稱便漸漸被俗稱「牌」所取代。現今的憑信物但稱為「牌」，而不再稱之為「符」了。

姜太公的釣魚竿裡藏著什麼？

「牌」源於「符」，符又源於什麼呢？符源之於「節」。

「節」，它是比「符」歷史更古老的一種憑信物。在先秦，它的用處相當廣泛，質料不一，名目也很多。《周禮・掌節》曰：「守邦國者用玉節，守都鄙者用角節。」玉節指用玉做的節，如飾有粟紋的穀璧，上端渾圓的琬圭，下端尖銳的琰圭等，都屬玉節。這些都是出使用的。當時用以「起軍旅、治兵守」的玉節叫「牙璋」。璋首如刀，兩旁無刃，但出有牙，故稱「牙璋」。它比虎符還古老。

什麼是「角節」？連漢代的大學問家鄭玄也說不清。歷來學者也無確釋。但前面提到的瑤民那「角節」

玉節

的新發現卻很啟人心智:「角節」當是用動物角所製成。是否也像瑤族那樣鋸開使用呢?有待於研究。

《周禮‧掌節》還說:「凡邦國之使節,山國(山區國家)用虎節,土國(平原國家)用人節,澤國(水鄉國家)用龍節,皆金也。」金,即用青銅製成的。虎、人、龍,是指節之形,或節上所鑄的紋飾。虎節、龍節,皆有實物傳世。

《周禮‧掌節》又說:「門關用符節(用竹做的節),貨賄用璽節(鈐有印鑒的通商憑證),道路用旌節。」旌節以竹製成,柄長八尺,在竹節上綴犛牛尾為飾物。《漢書‧蘇武傳》說:「(蘇武)杖漢節牧羊,臥起操持,節旄盡落。」所指即旌節。

戰國鄂君啟節

此外,考古還發現有鷹節、雁節、馬節、牛節等。

關於符節的起源,有這樣一個古老的傳說。

商末,姜太公佐周文王打天下。有一次,太公率周軍被敵軍包圍,糧盡兵疲,十分危急。太公派信使突圍求援,可信使與文王素不相識,空口無憑,怎麼辦?太公急中生智,將身旁的釣魚竿拿過來,折成數節,並以一節代表一事,讓信使記下。信使見到文王,一節一節將事說清了。文王將幾節竹節合起驗看,果然是太公的釣魚竿,遂發兵往救。

這就是「節」起源的傳說。古兵法《六韜‧龍韜》稱之為「陰符」,即祕密的兵符。

考古發現戰國時代的鄂君啟節,是楚懷王在西元前 323 年頒發給鄂君啟透過水陸關卡的免稅憑證。鄂君啟節分「車節」和「舟

節」，是青銅鑄成的，可是仍鑄成帶節竹板的形狀。鄂君啟節共發現 5 枚，合起來恰好是一個完整的帶節竹筒。它們以生動的形象揭示，作為憑信物的「節」，的確是從竹節起源的。銅、玉或角製的節，都是後起的。

符晚於節。關於符的起源，也有個傳說。

相傳，姜太公發明了「陰符」，後又發展為「陰書」。何為「陰書」？即把書信內容，寫在一塊竹板上，然後一分為三，派三名使者，各持一塊，分三路送往目的地。這樣，連信使也不知道所送信的全部內容，只有三塊竹板合符，才能揭示全部內容。這故事也見載於兵書《六韜・龍韜》。考古曾發現一種類似的憑信物，即湖南省長沙出土的一種三合璽印，一件璽印可以拆成三份，由不同的人分掌，只有合在一起才能使用。這無疑為「陰書」的可信性提供了一個佐證。

姜太公發明符節的傳說，或許不盡真實可信，難免有附會之詞，可是，它所揭示的斷竹為節、剖節為符的符節發展史的序列，是比較合乎情理的。

「節」，雖未必起源於太公的釣竿，但它卻是從竹節起源的。最早的節，大概就是一段帶節竹管，先秦時稱之為「管節」。管節的始初，有可能就是先民盛箭用的竹筒，名曰「矢箙」。古代獵人相遇，交換矢箙，是一種信任和友好的表示。猶若今日的握手禮，原本是獵人相見，表示兩手空空，沒有敵意。又如今日交杯酒，表示親暱，可在先民原是表示敬給客人的酒中沒有毒藥。管節源於矢箙，是否有根據呢？君不見，漢代君王發給郡守的竹節符，就是盛在竹管裡的 5 枚竹箭嗎？其箭只有 5 寸長，顯然是象徵性的。商甲骨文中的「箙」字，也畫作一箭筒中裝有兩枚或三枚箭。「竹使符」與「箙」的象形字，如出一轍，顯然不是偶然的。湖北江陵藤店一號楚墓曾出土戰國箭箙一件。據報告，該物為「兩塊半圓形竹筒合成，內漆朱漆，殘長 56 公分，出土時，箙內有箭數支」。（《文物》1973 年第 9 期）「箭箙」的甲骨文象形字、戰國矢箙實物，其間都隱含著「節」起源的原始資訊。當然，究竟如何，仍有待專家作出科學的考察和論證。

座右銘

座右銘，可申鑒戒，抒志勵行。古往今來，凡在東方文化所及之處，人們早已司空見慣。如今座右銘，已無須銘刻，卻仍稱為「座右銘」，人皆不以為怪。可是，若說座右銘濫觴於原始社會的一種尖底陶瓶，恐怕就會被認為是天下的奇談怪論了。然而，這卻並非無稽之談。

座右銘之由來，歷數千年，大致經歷了以器為戒（有器無銘，以器示喻）、銘物以戒（有銘有器，銘借物喻）、書銘為戒（有銘無器，直書不喻）三個階段。

座右銘最開始是尖底陶瓶？

　　一次，孔子到魯桓公廟參觀，見一欹器，即傾斜放置著的陶器，不知其名，遂問守廟人，答是宥坐之器。宥，也寫作「侑」，或「右」，意思是「勸戒」。宥坐之器，即放在座側以示勸誡的器物。孔子說：「聽說這宥坐之器，虛則欹（傾斜），中則正，滿則覆（傾沒），果真如此嗎？」遂讓弟子們取水來驗，果然如是。孔子感慨地說：「正如古語說的，『滿招損，謙受益』呀！」

　　宥坐，即右坐，也就是「座右銘」中「座右」一詞的來源。從這故事可知，孔子所在的春秋時代，傳統的勸誡之器，只有器而無銘。

　　魯桓公廟裡的欹器，後來失傳了。漢代張衡、南朝祖沖之等許多古代科學名家都研製過，可是，他們研製的，後來也又都失傳了。令人欣然的是，這種古老的欹器在新中國考古中又被發現了。它比孔子所見的還要早 3000 多年，是一種小口尖底、大肚便便、附有雙繫耳的陶瓶。仰韶文化的先民早在 6000 年前就用它在河中汲水。

　　這種尖底瓶，腹大底尖，空瓶放置是傾斜的（「虛則欹」）；懸於水面，受水浮力，即傾倒注水，水至半瓶，重心下移，瓶身則自動端正，浮於水中（「中則正」）；若注滿水，瓶身就覆沒於水中（「滿

則覆」）。先民巧用水的浮力與瓶子注水時重心下移的原理，製成的
這種汲水器，其質料、構造、特點，與孔子所見者何其相似乃爾！這
種尖底瓶，在黃河流域的原始文化多有發現，有些考古學家認為這就
是古人說的宥坐之器！

　　關於宥坐之器，先秦時代就有三皇五帝有勸誡之器的傳說；夏代時，
與大禹同時的伯益就講過孔子說的那句「滿招損」的古老格言；殷甲骨
文中有一字形作兩手捧一尖底瓶，呈傾斜之狀，古文字學家于省吾釋其
字作宥坐的器名「欹」；周公後裔又將之置於廟堂之上。顯然，以器為戒，
是中華文化中一種肇端久遠的風俗。

《孔子觀欹器圖》
【明】佚名 繪

西漢時，公孫弘以布衣被選為宰輔，臨行時，同鄉鄒長倩送他三樣東西：一束芻（青草），一卷絲，一個撲滿。公孫弘未解其意。鄒長倩說：「生芻一束，是借用《詩經‧小雅‧白駒》中的一句話：『生芻一束，其人如玉』，願你安於德操，守身如玉。絲，是很細的，但可積之如線、如繩、如纜。由此可知，事物總是由小到大，由微至著的。願你不要忽視小事，不要以善小而不為。撲滿，這存錢的陶罐，有入口而無出口，一旦裝滿錢，就被打碎。願你不要聚斂無度，要以撲滿為戒。」

1956 年到 1975 年，新疆吐魯番阿斯塔那發現 500 座古墓，其中一座盛唐古墓中有六幅壁畫。中間四幅壁畫的是四個自勵德操的人物。左邊一幅畫一欹器，右邊一幅畫一撲滿，旁有一捆草、一卷絲。這幅壁畫生動地再現了古代以器勵志的風俗。

銘物為戒始於何時？

相傳，周武王初繼位，問古代帝王鑒戒於師尚父（姜太公）。答曰：古代帝王居民之上，卻不自安，兢兢如履薄冰，翼翼乎懼不敢息！師尚父又取出丹書（相傳是文王時赤鶴銜來的。故神其事，以示勸誡），告之曰：「敬勝怠者，吉；怠勝敬者，滅。義勝欲者，吉；欲勝義者，凶。」

武王聞之，誠惶誠恐，退而書銘於物以自戒。幾，銘曰：「安勿忘危，存勿忘亡。」鑒，銘曰：「見而前，慮而後。」觴，銘曰：「樂極則悲，沉湎致非。」矛，銘曰：「造矛造矛，少間弗忍，終身之羞。」鞭，銘曰：「馬不可極，民不可劇。馬極則躓，民急則敗。」以及屋內的門上、窗上、柱上、席的四角，到處都書之

馬家窯旋渦紋彩陶尖底雙耳瓶

以銘，藉以自警。

又相傳，周太廟裡有個金（銅）人，口部用布帛纏封了三匝，即所謂「三緘其口」。背上有銘曰：「無（勿）多言，多言多敗；無（勿）多事，多事多患。」云云。

這就是武王聞丹書和「三緘其口」的故事。故事可能為編撰，並不可信。但故事中說的古人記取鑑戒，由以器為征，進而發展為銘物為識，從無銘到有銘，這一點當是可信的。

那麼，銘物為鑑始於何時呢？

漢蔡邕、南朝劉勰，以及近代劉師培等學者都有過考證，都認為銘創始於黃帝，爾後，禹銘簨虡（古代懸掛編鐘編磬的木架，橫曰簨，直曰虡），湯銘浴盤，武王聞丹書銘於幾席，由來遠矣。

這些說法，雖似有所依，皆為以訛傳訛。從今日考古學看，都難以置信。

黃帝有銘，見載於《漢書・文藝志》，列之於道家著作之類。其書已佚，真偽難辨。其實，為後人所偽託可知。何以知之？5000 年前，尚無成熟的文字，焉能作銘呢？

禹銘之說。語出先秦《鬻子》，其言湯湯，其意不古。史有禹鼎之載，卻無刻銘之言。今日考古，尚未見夏器有銘者。

武王故事，前已言及。西周青銅器銘文甚多，有長達近 500 字者。然多為記事、稱功、書史之文，未見有若幾席之銘者。

先秦青銅器銘，堪稱借物喻義，以申鑑戒之文字，見之著錄者有一帶鉤銘。原錄於宋人王俅的金石學著作《嘯堂集古錄》，稱之為「夏帶鉤」。上有鳥書 33 字，為四言八句的箴銘。另有一字銘於鉤尾以點題。箴銘借鉤之特點以喻義，倡言「宜曲則曲，宜直則直」。頌揚折中之德，即中庸之道。鉤尾點題之字為一「允」字，也是折中之意。

戰國服器已有箴銘，故可證銘物為戒肇端於先秦。從青銅器銘的發展看，目前已知，夏器無銘；商銘簡略，多為記名；周銘較長，多稱美先人

功德；春秋中葉以降，銘辭方多文飾。依此推想，箴銘鑄之於器，最早可能出現於春秋中葉。

銘器申鑒之風，漢代始盛。歷魏晉南北朝，銘家輩出。諸如揚雄、馮衍、班固、崔瑗、李尤、蔡邕、曹丕、傅玄、裴駰等，皆有名作傳世。有的一人所製之銘，多達 120 篇。其中佼佼者，當推崔瑗、蔡邕。

中國第一篇座右銘是什麼？

書銘為戒的創始者為崔瑗。書銘無須借物為喻，而是直陳鑒戒之詞，不再銘之於器物，而直書於紙帛。它不再是宥坐之器，而是宥坐之銘，故喚「座右銘」。

崔瑗，字子玉，東漢書法家。涿郡安平（今屬河北省）人。年少時，

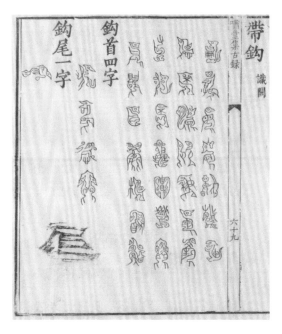

《嘯堂集古錄·帶鉤》

帶鉤為鳥書，鳥書始於春秋後期，戰國末已衰。因之可知帶鉤非夏代之物，乃戰國服器

抱負宏遠，銳志好學，但血氣方剛，好意氣用事。其兄崔璋為人所殺，官府受賄，不究其凶，瑗拔刀而去，手刃其仇。由是，亡命他鄉，歷盡苦難。3 年後，幸逢大赦，方得歸故里。

崔瑗經此艱難，荒廢了學業，悔恨不已。痛定思痛，自己檢點血氣之勇的失誤，援筆作銘一篇，置諸座側，朝夕悟對，以求自新。久而久之，與先前判若兩人。「高於文辭，尤善章草」，聞名遐邇。當時有「草聖」之稱的張芝，也要以他為師呢！他所著的賦、碑、銘、箴、草書，凡57篇，流傳於世，識者視為珍品，競相收藏。

崔氏《座右銘》曰：

> 無道人之短，無說己之長。施人慎勿念，受施慎勿忘。
> 俗譽不足慕，唯仁為紀綱。隱身而後動，謗議庸何傷。
> 無使名過實，守愚聖所藏。柔弱生之徒，老氏誡剛強。
> 在涅貴不緇，曖曖內含光。硜硜鄙夫介，悠悠故難量。
> 慎言節飲食，知足勝不祥。行之苟有恆，久久自芬芳。

譯為白話就是：

不要揭別人的短，不要說自己的長。幫過別人要忘記，受人恩惠不能忘。

世俗榮譽不足羨，處世以仁為紀綱。甘於幕後做好事，誹謗非議有何妨。

千萬不要務虛名，聖人守愚不自彰。柔者最有生命力，老子主張柔克剛。

身處汙黑貴不染，人處逆境心有光。淺陋固執乃小人，君子悠悠有雅量。

言談謹慎食有節，知足常樂免禍殃。持之以恆去實踐，日久天長品德芳。

這篇百字格言，就是東方文化中的第一篇座右銘。

崔瑗銘歷來受到世人的稱讚。唐杜甫看了甚至要戒酒，說「忍斷杯中物，只看座右銘」。白居易也十分景慕，書之屋壁，以之自勵，久而久之感到「似有未盡者」，故命筆為之續。白氏《座右銘》，旨在安然守道，不以貧富、貴賤、毀譽、榮辱為意，而看重自身品德行止的修養。如其有言曰：「聞毀勿戚戚。聞譽勿欣欣，自顧行如何，毀譽安足論。」大凡如此。

古之座右銘，多重鑒戒與內省，尚愚而貴柔，其言謙謙，卻只以一己為念。這乃歷史時代所使然，不可苛求於古人。

至近百年，由於內亂外辱，時事維艱，振興民族正氣成為時代之偉任，故在志士仁人中以座右銘中，抒懷勵志，蔚然成風。其內容之主流也為之大變。或以「先天下之憂而憂」自律，或以「天下興亡，匹夫有責」自勵，或以「橫眉冷對千夫指，俯首甘為孺子牛」自勉，將民族的呼喚、革命的誓言，銘於心骨，從而造就出無數的時代先驅，炎黃赤子，民族精英，華夏國魂，終於使中華民族巍然自立於世界民族之林。

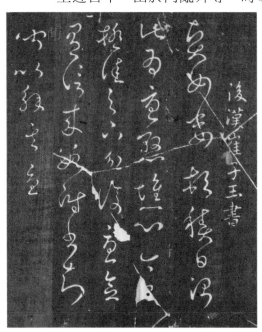

《賢女帖》【東漢】崔瑗 書

名片

大家熟知的名片是印有姓名、身分、聯繫方式的小卡片。人們在互相結識或者探訪親友的時候，往往要贈送名片，以介紹自己，便於日後聯繫和溝通。
如今大家越來越少用到紙質名片，取而代之的是在社交網路上互換電子名片。
名片在中國有著古老的歷史，經歷了謁、刺、帖、片幾個歷史階段。

簡牘時代的名片是什麼樣的？

有個故事說：

秦末劉邦聚眾起義，駐軍高陽。儒生酈食其要見劉邦，就「踵軍門上謁」。可是，劉邦討厭儒生，不見他。酈食其火起，瞋目按劍叱使者曰：「走！復入言沛公，吾高陽酒徒也！」使者懼而失謁，跪拾謁，還走，復入報曰：「客，天下壯士也，叱臣，臣恐，至失謁。」

這是《史記》裡講的一段故事，四次提到「謁」，「上謁」、「失謁」、「拾謁」、「失謁」。這裡說的「謁」是什麼？從行文看，當是類似今日名片的東西。「謁」是什麼樣子？南宋學識淵博的張世南曾感慨地說：「士大夫謁見刺字，古制莫詳。」原來這早已是個文化之謎。

然而，今日考古學家卻解開了這個文化之謎，他們在地下找到了三國時代的多枚謁，其中有 3 枚謁是東吳大將朱然的。因而，謁的樣式、寫法，一目了然。

朱然的謁，長 24.8 公分，寬 9.5 公分，厚 3.4 公分，是經刨光了的木板，未加髹漆，比之今日紙製名片大了太多。

謁上，靠右側近邊處有一行小字，為「持節右軍師左大司馬當陽侯丹楊朱然再拜」。

朱然的謁

「右軍師」、「左大司馬」都是官名，「當陽侯」是爵稱，「丹楊」是籍貫。謁板正中上端書一個「謁」字，與上文連讀，則是某某「再拜謁」，即再三懇求拜見。可以說，這是名片的已知的最古老的書寫式樣。

「謁」始於何時？

酈食其見劉邦，是在西元前 207 年，那時，秦二世還稱孤道寡呢！秦的官制設有典謁官，稱「謁者」。謁者的長官稱「僕射」，也叫「大謁者」。釋為今文，可以叫「禮賓司司長」吧！

秦設「謁者」之先，「謁」作為古代「名片」早已被使用了。戰國時，有合縱家蘇秦、連橫家張儀，《史記．張儀列傳》載：「張儀之趙，上謁求見蘇秦。」蘇秦辱儀，儀怒而入秦。時在西元前 328 年。如果司馬遷的行文在這裡沒有弄錯，那就可以說張儀所上之「謁」，是可以確知的最古老的木質名片，距今至少也有 2300 年！

如何投送名片才不失禮？

古代有個故事，叫「遍談百刺」。三國時，魏國大將夏侯淵有個兒子，是個神童，叫夏侯榮。日誦千言，過目輒識，七歲能詩文。皇帝曹丕聽說後召見他，賓客有上百人，人各一刺，上書爵里姓名。榮一過目，與之接談，不謬一人。人人稱奇。

故事中說的「刺」就是「名刺」。這種新的名片，興起於漢末，流行於六朝，尤以魏晉為盛。從上書故事「人各一刺」可知，刺的使用在士大夫中是相當普遍的。又有故事說，漢末郭泰為士林所仰慕。他遊洛陽，路人投刺，常常「載刺盈車」。南朝夏侯叔人，以孝聞鄉里，人爭與相交，家中「積刺盈案」。有趣的是，還有以投刺為嗜好的。南朝梁人何思澄，每晚都削木書刺，天明即駕車外出投刺訪友，晚上歸來，一大把刺也就投光了，天天如是。

那個時代，人們不僅生前用謁、刺，也用謁、刺隨葬，供在陰間使用。

若是「拜見」神仙，不用竹簡木刺，而用「金簡玉刺」。

　　「刺」是什麼樣子？正如宋人已不知謁、刺樣式，清代著名學者趙翼也分不清什麼是謁，什麼是刺。他在《陔餘叢考》中說：「漢時謂之謁，漢末謂之刺。」《辭源》上更引申說：「西漢時叫作謁，東漢時叫作刺。」顯然，都認為謁、刺同為一物，因時代不同而有不同名稱。其實，這幾乎已成定論的見解，卻不盡然。

　　謁與刺相類，卻並非因時代不同而名稱不一。三國朱然墓中出土有謁3 枚，同時還出土刺 14 枚。兩者的大小、書寫都不盡相同。

　　謁與刺的長度，都約為漢製 1 尺。但謁既寬又厚，刺則窄而薄。刺寬3.4 公分，約為謁寬的 1/3；刺厚 0.6 公分或 0.4 公分，約為謁厚的 1/6。謁上的爵里姓名書寫於右側，正上方書一「謁」字，而刺只在正中書寫一行。行文有的書寫爵里，稱「爵里刺」，也有的不書寫爵里，只書「弟子某某再拜」。但多加「問起居」的問候語。

　　綜而觀之，謁的樣式、稱謂都比較鄭重，也都是用於下對上的，有明顯的等級色彩，是一種古老的大名片。刺的內容、樣式，簡便而親切，雖也有用於下對上的「下官刺」，但主要是用於士大夫間，以通爵里姓名，是一種小名片。

　　試問這種小名片，為何不稱「謁」，而改稱為「刺」呢？這個小小問題，卻是 1700 多年以來眾說紛紜，莫衷一是的學術問題。歸納起來，主要有三說。

　　漢朝劉熙《釋名》認為「刺」是指書寫。曰：「書曰刺，書以筆刺紙簡上也。」

　　南朝梁人劉勰《文心雕龍》認為「刺」是通達的意思。曰：「刺者，達也，若針之通結也。」

　　明朝田藝蘅《留青日箚》認為「刺」是指削竹木。曰：「古者削竹木以書姓名，故曰刺。」

他們分別從書寫、作用和製作的不同角度作了各自的解釋，各成一家之說。筆者以為，謁的意思是請求接見，刺的意思是通報姓名，兩者所用有差，《文心雕龍》所釋較為近是。

名片在社交場中承擔什麼角色？

紙，早在漢代就發明了。但在南北朝時，還多削竹木為刺。唐代始用紙書刺，時稱「名帖」，也稱「名紙」、「名刺」。

唐宣宗時，科舉的主考官鄭顥收到一份名帖，是用大紅紙書寫的，

《觀榜圖》（局部）【明】仇英 繪

上書：

　　鄉貢進士　　李忱

　　主考官見了這份名帖，驚喜萬分。原來，那李忱就是當今天子。他謙稱自己為「鄉貢進士」，又親送名帖，這表示他對這次科考的特別關照。

　　又有史料記載，京都長安有座「平安坊」。那裡青樓櫛比，乃風流淵藪。當時的風尚，凡科考金榜題名的，每每都要親書紅箋名帖分致各樓，

中榜的考生要四處拜訪位高權重的官場前輩，並拜之為老師，以便將來提攜。而要拜訪之前，必須先遞「門狀」

邀定姣好，遊樂其間。

　　唐人的名帖，多用紅箋。講究的名帖，還要用泥金書寫，比之竹木製成的謁、刺顯貴多了。但是，這種名帖卻已失去了謁的等級性，也沒有刺的那種高逸之風了。從上述故事可知，名帖已成為交際中的通常用品，上到天子，下到青樓，幾乎什麼人，什麼地方都可以使用了。

　　「刺」之名雖見於漢末，可是「名刺」一詞在現存古籍中卻最早見之於唐代。詩人元稹《重酬樂天》詩中有「自投名刺」的話。宋元及以後「名刺」與「名帖」之名相沿並用。日本至今仍稱名片為「名刺」。由此可見，名刺早在唐代時就傳入日本。

　　宋代通行一種叫「門狀」的名片，內容比較複雜，像一封短信。這多是下屬求見上司時使用的。這種門狀呈進後，上司在門狀後加了「刺引」，才可以進見。猶如今日得到首長畫圈、簽字，即批准，才可觀見。這種門狀比之名帖要鄭重得多，嚴肅得多。有點類似古代用的「謁」的性質。

　　張世南《遊宦紀聞》中載有一門狀，是這樣寫的：

醫博士程昉
　右昉　謹祗候
　參節推狀元　伏聽裁旨
　牒件如前　謹牒
　　　　　　　　　治平四年九月　　日　　醫博士程昉　牒

這是西元 1067 年醫博士程昉等候參拜某狀元的一封求見信，即門狀。節推，為一種官名，本義為曾受到節度使推舉的判官。從書寫格式及後世的此類實物推斷，這種門帖是用紙折成的折帖。首行「醫博士程昉」是寫在封面上的，其餘內容寫入折內。

　　「門狀」製作甚為講究。有的門狀用紅綾製成，赤金為字。有的門狀就是一幅織錦，其上大紅絨字也是織成的。呈遞門狀時，還要加上底殼。

下官見長官，用青色底殼。門生初見座師，則以紅綾製底殼。如此名片，即使是在今日也屬豪華型的。

　　這種「門狀」，也稱「門帖」，因有明顯的等級色彩，在稱謂上與一般「名帖」也大不相同。一般名帖，只寫作「某謹上　謁某官　某月日」。

　　門狀則不同了，在稱謂上，往往要降低自己的身分，謙稱「門下小廝」、「渺渺小學生」之類，藉以抬高對方。明代有本歷史傳奇劇，名《精忠旗》，其中有個故事。

　　有天，秦檜的奸黨何鑄、羅汝楫、萬俟卨要一起拜謁秦檜，共商與金兵議和之事。他們名帖上的具名，一個寫「晚生何鑄」，一個寫「門下晚學生羅汝楫」，一個寫「門下沐恩走犬萬俟卨」。何鑄見了自嘆弗如道：「約定一樣寫『官銜晚生』，為何又加『門下晚學』、『沐恩走犬』字樣？這

《竹亭對棋圖》【明】錢谷 繪
左側捧著拜匣的小童正在過橋

樣我又不濟了！」

　　古代名片，都要自己親筆手書，以示敬重。北宋時，蘇東坡、黃庭堅、晁補之、張耒等一代名流，也都是自己手書門狀、名帖。古人重文墨，一帖名紙，往往就是一帖書法傑作。故早在北宋時，就出現名帖收藏家，並將所藏選刊刻石。《遊宦紀聞》等書中，談到《元祐十六家墨蹟》，就是最古老的一部名帖集。中國最古老的賀年片，即秦觀賀正旦的名帖，就是這樣被流傳後世的。

　　名帖的樣式，歷元、明至清，均相沿不改。清末時，名帖使用很多，從保留下來的名帖看，有的已注明詳細地址，有的還加寫個人簡況，有的附有短語，如「請安謝步」，表示只為問候而來，勿煩主人回訪。也有的寫上「拜客留名，不作別用」，意在以防被人利用為非作歹。當時還沒有照相技術，否則也會像今日名片一樣，附上一張照片了。

　　當時盛名片的盒子，稱為「拜匣」，長尺餘，寬數寸，或皮製，或包錦，都很豪華。

　　清末駐華的各國使節，也都使用中國式的名帖。學者吳曉鈴先生收藏的大量拜帖，就有 1900 年八國聯軍侵華時，英、奧、俄、德、比、日幾國公使的名帖。這些名帖都已成為歷史的證物。

　　1911 年辛亥革命之後，鉛印名片興起，逐漸少有親筆書寫的了。中國有木刻藝術家自己刻版印製名片的。有的還刻上自畫像，一張名片，往往就是一件藝術傑作。

賀年卡

每逢辭舊迎新之際，親朋好友之間往往用賀卡互致新年祝福。只是隨著網路的普及，大家越來越少用紙質賀年卡，而更多的是在社交網路上發送祝福短信，或用電子賀卡表達祝福。

這在中國已有上千年的傳統。中國有千餘年使用賀年卡的悠久歷史，因而被稱作「賀年卡的祖國」。在這裡，我們就試著說說年、賀年、賀年卡的起源和發展。

「年」起源於什麼？

賀年卡，顧名思義，是賀「年」的。

先民「日出而作，日入而息」，並沒有什麼「年」的概念。現住在菲律賓棉蘭佬南部森林岩洞中的塔桑代人，仍過著舊石器時代的原始生活，他們的語彙裡就沒有「年」。誰也不知道自己的年齡。

營農耕生活的先民，最為關注的是一年中作物的收成。這從商甲骨文中的「年」字刻作一人躬身負沉甸甸的穗禾的象形就可看出。

《說文解字》釋年字即曰：「穀熟也。」《穀梁傳》曰：「五穀皆熟為有年，五穀皆大熟為大有年。」「有年」即有收穫，「大有年」即大豐收。至今漢語說收穫如何，仍曰「年景」幾成，或「年頭」好壞，「年」的古義猶存。

「年」，又稱「歲」，有一春聯為證：

一夜連雙歲，五更分二年。

這裡的「歲」、「年」是對稱的，也是相通的。「過年長一歲」。「年」「歲」也是相連的。

《大儺圖》【宋】佚名 繪

表現了人們在冬日展開驅除疫病活動的風俗畫。從畫面來看，還有許多農具，可見除了驅除邪祟，還有祈求豐收的意味

聽古物在說話：
從飲食、娛樂到禮俗文化，原來古代生活好愜意！

「歲」是怎樣來的？

《爾雅》記載：「夏曰歲，殷曰祀，周曰年。」可知「歲」始於夏代，有 4000 年歷史了。

「歲」的意思是什麼呢？

「歲」的本義指歲星，即木星。木星沿黃道帶運行，約 12 年 1 周天。古人就將周天劃分為 12 個方位，稱 12 次。木星每移位 1 次，就叫 1 歲。每次都有特定名稱。如《左傳》上有句「歲在鶉火」。「鶉火」指正南方。這是歲星紀年法。先秦古籍多是如此紀年。用干支紀年是漢代才開始的。

「歲」字，在西周金文中多次出現。在商甲骨文中也多次出現。看來，「夏曰歲」的記述當是可信的。因之可以推想，在古埃及人觀測天狼星與太陽同升以確定新年的開始之時，古代中國就以木星運行來紀歲了。

「五穀皆熟」、「歲星行次」，這就是上古時代的年歲觀。

古人何以覺得過年是負擔？

賀年，按古義解釋，就是慶豐收。

商朝時，人們在收穫之後，要舉行祀天大典，時間是冬至。一年一祀，故商人稱年曰「祀」。

中國鄉間，一進臘八，就進入年節了。元旦是大年。到二月二日「龍抬頭」，春耕又開始。年節也告結束。這正是古代周人節令的遺風。

祀年，不但要祭神、驅鬼，也要娛人。《詩經・豳風・七月》曰：

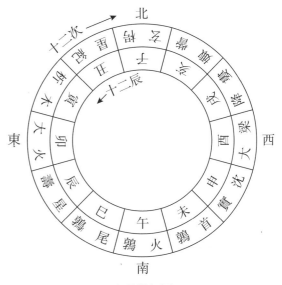

歲星紀年圖

《豳風圖卷》（局部）【南宋】馬和之 繪

九月肅霜，十月滌場。
朋酒斯饗，曰殺羔羊，
躋彼公堂，稱彼兕觥，
萬壽無疆！

這詩句描繪了一個熱烈的賀年情景,地淨場光,新年到了,父老兄弟,歡聚「公堂」,拿出春酒,殺豬宰羊,高舉酒杯,相互祝願「萬壽無疆」。在這日良辰,泥腳子也登上「公堂」,開懷暢飲,彼此都沉醉在豐收喜悅之中。

先秦的民間風俗,到了漢代朝堂上,形成「歲朝之禮」。

漢高祖七年(西元前200年),長安城內的長樂宮落成,恰逢新歲之始。元旦那天,文武百官東西排列成兩列,五更天前就在宮前候駕了。皇帝劉邦的御輦一到,文武山呼:「吾皇萬歲萬萬歲!」皇帝坐上御座,諸侯百官依序進見奉賀,也就是拜年。那氣氛莊嚴而熱烈。這位流氓無產者出身的皇帝劉邦,向導演這場典禮的大儒叔孫通說:「我今天才知道當皇帝如此尊貴啊!」

漢制規定,歲朝之禮,除朝賀外,還得奉禮。諸王公侯要奉獻玉璧,薪俸2000石以上的大員要奉獻羔羊,薪俸再少的依次奉獻大雁、野雞。皇帝受了禮,也賜宴群臣,共度佳節。

歲朝宴會上,除舉杯祝福,相互祝賀,還往往論經談史,頗為風雅。漢代重《經》,即儒家經典,宴席間往往辯詰經典的疑難,形若學術討論會。若遇詰難而答辯不出,則要退席讓賢。東漢初,有名戴憑者,學識淵博,精通《易經》。在一次歲宴上,連座50餘席,轟動朝野,京城傳為佳話。時有諺曰「解經不窮戴侍中」。

元旦酒會,在北齊時,成了皇帝考試百官的考場。出卷答題,若有錯漏,即喝令退席。若字跡濫劣,則罰飲墨水一升。中國人形容有知識的人叫「喝過墨水」,典即淵源於此。

歲朝之禮,在唐代儀軌甚嚴。著名書法家柳公權,朝賀時將皇帝的尊號「和武光孝」,誤呼為「光武和孝」,「和」與「光」兩字次序顛倒了,即被罰俸一年。柳公權時已80高齡,如此苛責,幾乎不近情理啊!

歲朝之禮,到了明、清,已形成一套僵化了的繁文縟節。從皇帝到大

柏柿如意
一脉春回暖氣通
隨雲萬里徧明時
畫圖今日來佳兆
如意年年百事宜

《歲朝佳兆圖》【明】朱見深 繪

臣，為參加這一大典，從夜半起，一直要忙到中午時分，拜天地，祭祖宗，朝君王，拜同僚，揖故舊，作揖叩頭，有若搗蒜，人人都鬧得饑腸轆轆，腿軟腰酸，筋疲力盡，叫苦不迭。

　　新年懸掛鍾馗是一項重要的風俗活動。圖中畫的鍾馗，一手持如意，一手扶在小鬼的肩頭；小鬼手捧盛有柿子和柏枝的託盤，寓意「百事如意」這種「賀年」風俗，不僅在宮廷朝堂、府邸、都城裡如此，也遍及城鎮鄉野。過年時親友間拜年，少則數日，多則半月，應酬不暇，好不煩人。這樣，「拜年」就從原始簡樸的慶豐收的習俗，演變成一種形式化的陋俗了。

賀年卡的發明全因拜年太辛苦？

　　拜年，成為佳節的重負，古人早就感覺到了。故而《燕京歲時記》中有「親者登堂，疏者投刺而已」的記述。刺，即名刺。投刺，即送張名片，代替登門拜年。這就是「賀年片」的由來。

　　中國古老的名片叫「謁」，起源於先秦。後來，出現一種比謁小的小名片，即為「刺」。刺在漢魏都是削竹木製成的。唐代始用紅箋製成名帖，也即名片。

　　名片的起源雖然很早，但用名片賀年卻較晚。現在文獻中記述得最早的一張賀年卡是北宋文學家秦觀的。其文曰：

觀　　敬賀
子允學士尊兄
正旦

　　　　　　　　　　　　　　　　高郵秦觀手狀。

秦觀這帖「手狀」，即 900 多年前賀年卡的一種寫法。
賀年卡的致送和答拜多不親往，而是派奴僕去遞送。南宋學者周密，

《百事如意》【清】徐揚 繪

在杭州癸辛街編錄的《癸辛雜識》中有個吳四丈易刺的有趣故事。

余表舅吳四丈，性滑稽。適奉元日，欲投賀刺，無僕可出，徘徊於門。恰逢沈家僕送刺至，遂引其至堂，酒肉相款。沈家僕酒足飯飽，抱刺一一投去，未覺有故。其所投皆吳刺也。鄉里傳為笑談。

又據南宋學者曾慥《類說》載，五代時就有個「陶谷易刺」的故事，吳四丈只不過仿效陶谷也和投刺人開了個玩笑罷了。

陶谷，生於唐，卒於宋，是五代時的著名學者。若這故事可信，那麼，賀年片的歷史比秦觀在元祐年間寫下的那最早的賀年片還早 100 多年。這就是說，賀年片在中國的廣泛使用當在五代，或在五代以前，迄今至少有史千年。

賀年片，千餘年來使用日趨廣泛。在官場中，成為一種交際方式。平日未必相識，元日也要望門投刺。宋代江休復撰《鄰幾雜誌》載，有位執政官深苦此事，故吟詩曰：

躁因修賀刺，懶為答空書。

的確，如果長時間書寫這種千篇一律的賀年片，也是令人煩躁的事。可是，這總比在元日，「貂裘莽服，道路紛馳」，車水馬龍，猶恐人後的親自到訪要好得多吧！賀年片用之甚濫，甚至平素無往來，道路不揖者，過年了，也要送上一張賀年片。這就給「投刺者」帶來很大負擔，於是送賀年片的僕人就到門口喊上一兩聲，留下賀年片就走。主人聞聲開門，送帖人早已不見。故在雜劇中有臺詞曰：「那送帖的比兔子跑得還快。」因之，賀年片得個雅號，名曰「飛帖」。

明清時，許多人家過節在門上貼個紅紙袋，上書姓名，以接飛帖。這紙袋名曰「門簿」，又叫「接福」，也稱「代僮」。

木偶

提起木偶，大多數人會想到那個調皮可愛、一說謊鼻子就會變長的皮諾丘。殊不知，中國木偶藝術源遠流長，誕生於其他各種劇種之前，被稱為「百戲之祖」。刻木機關造為偶，提線執杖皆稱戲，一口道盡千古典故，指掌演繹悲歡離合。

木偶在戰場上幫劉邦死裡逃生？

相傳，三百六十行，行行有源流，行行有鼻祖。開茶館的供奉陸羽，賣豆腐的祀劉安，木瓦工匠尊魯班。那麼中國木偶藝術這一行，肇始於何時，尊祖於何人呢？

有人認為，唐代佛教盛行，崇拜偶像，始有木偶之戲，於宋世乃盛。稽諸典籍，記述很多。《全唐詩》有唐玄宗作木偶詩一首：「刻木牽絲作老翁，雞皮鶴髮與真同。須臾弄罷寂無事，還似人生一夢中。」

顯然，詩中所述鶴髮老翁木偶，是以牽絲舞弄的一種懸絲木偶。這是盛唐已有木偶的根據。其實，初唐木偶戲已頗盛行。不僅有文獻可考，且有新疆吐魯番唐墓出土大批傀儡俑證明。

唐大曆年間（766—779 年），木偶戲中有一精彩節目，即尉遲敬德大戰突厥。《封氏聞見錄》記載說：「機關動作，不異於生。」可見當時木偶藝術是相當動人的。

唐人杜佑《通典》稱：時稱木偶戲為「窟儡子，亦曰魁儡子」，即傀儡子。至今，中國民間仍有是稱。這種藝術，在唐代「閭市盛行焉」，大街小巷都可見到，可見其時已頗為盛行。當時，木偶戲不僅流行於中國，「高麗之國亦有之」。

　　宋代木偶藝術則普及鄉間，得到了更為廣泛的發展。1977年，河南濟源董掌村出土兩個宋代瓷枕，一大一小，上繪有兒戲畫，畫中有兩幅木偶戲圖。一幅是杖頭傀儡圖，傀儡身著長袍，前置一玩具，為狗趕雞，也叫鬼推磨。另一幅是懸絲傀儡圖，所繪為一老翁，作弓腰拄杖，步履艱難之狀，以三根絲線懸於杖頭，一兒童正執杖牽絲玩耍。傀儡已成為民間玩具，可見當時的盛況。

　　綜上可知，木偶藝術並非源於唐、盛於宋，唐宋時代已是它的鼎盛時期了。

　　早在唐代時，就有人認為木偶起源於漢代。

　　唐音樂家段安節在《樂府雜錄》中說：傀儡子起於漢初，陳平造。這裡還有個故事：相傳，西元前200年，漢高祖劉邦被匈奴冒頓單于圍困在平城白登山（今山西大同市東北）。謀臣陳平為求解脫計，訪知這位匈奴大單於有好色之心，而其妻閼氏又甚有妒意，便刻木為偶，形若絕色美女，安上機關，讓它在城上翩翩起舞。果然，閼氏一見妒

《傀儡嬰戲圖》
【宋】蘇漢臣 繪

三個小孩兒在玩傀儡戲，一個在簡易架子後操縱傀儡，前面還有一個在敲打樂器，另一個在半蹲著觀看

心頓起，恐怕城破後冒頓得此「美女」而自身失寵，於是引兵自去，遂解白登之圍。

　　據說，這木偶為退敵立下了奇功，劉邦便將它藏於宮中。「後樂家翻為戲具，即傀儡也。」

　　這個木偶起源於西元前 200 年的故事，出自唐人之筆，但漢代史冊卻未見記載，恐難以令人憑信。究竟是陳平創製的木偶，還是當時已有木偶之戲被陳平利用，仍有待考證。

木偶戲最開始是娛鬼的？

　　《舊唐書‧音樂志》另有一說：傀儡子，「作偶人以戲，善歌舞。本喪家樂也，漢末始用之於喜會」。這段文字記載了一個重要問題，即木偶戲原為喪家樂，是娛鬼的；漢末方用之於喜慶嘉會，改為娛人的藝術。

　　這話是有根據的。東漢應劭著《風俗通義》是部記錄當時風俗的書，

《太平風會圖》（局部）【元】朱玉　繪　　　　這幅畫描繪了 14 世紀，元朝市井生活的風俗畫，這部分刻畫了木偶劇的表演場景

也記載了這件事。同時，記載木偶戲還因此遭了一場千古不白的冤案呢！

　　據記載，漢末靈帝時，京師洛陽凡有賓婚嘉會，都要表演傀儡戲，與會者酒酣興濃，就唱起挽歌來。木偶戲原是娛鬼的，挽歌也是唱給死人聽的哀歌，是不吉利的徵兆。不久，靈帝死，天下大亂，洛陽遭劫，「戶有兼屍，蟲而相食」。當時，人們埋怨說：「這可應了耍傀儡、唱挽歌的凶兆了！」

　　古人多迷信，原不足怪。今天，從這一記載中可以看到，在木偶藝術的發展史上，至漢末靈帝時是一大轉折，它已不僅是喪家樂中的一個節目，而且成為一門獨立的、受到當時人們普遍歡迎的藝術種類。

　　《風俗通義》還記載，當時木偶戲叫傀儡子，可世人卻另給它起了個諢號叫「郭禿」。據考證，郭禿，姓郭而病禿，邯鄲人，為人滑稽，善戲謔，人稱之郭禿。人刻木偶為郭禿形象以為戲，轟動一時。因之，但凡言及傀儡子，就直稱「郭禿」。郭禿，後亦稱郭公，有歌曰：「邯鄲郭公九十九，技兩漸盡人滕口」云云。「滕口」指開口放言的說唱藝人。

　　從這故事看，「滑稽郭禿」堪稱迄今可知的木偶戲劇史上一個最早的節目與藝術形象。漢末時，木偶戲已塑造出了如此膾炙人口的藝術形象，並作為傀儡戲一開場就首演的傳統節目流傳六七百年。可以說，木偶藝術史已脫離其原始階段而跨入藝術的成熟期了。可見，木偶起源當早於漢。

西周偃師造的木偶會唱歌跳舞？

　　唐代也有人認為，木偶起源於西周。唐代林滋所撰《木人賦》說：「周穆王時有進斯（木人）戲。」今人也有的認為：中國木偶藝術起源於周，其根據是《列子・湯問》中的一段故事。

　　「周穆王西巡狩，越昆侖，不至弇山，反還，未及中國，道有獻工人名偃師。穆王薦之，問曰：『若有何能？』偃師曰：『臣唯命所試，然臣已有所造，願王先觀之。』穆王曰：『日以俱來，吾與若俱觀之。』

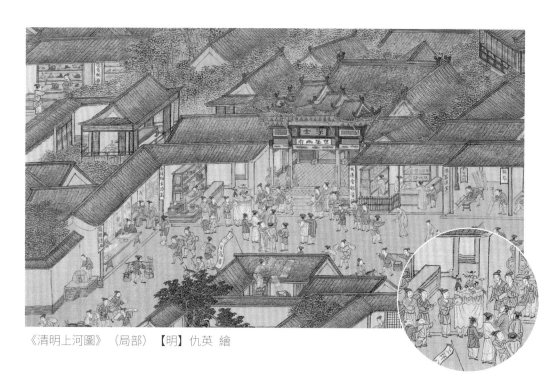

《清明上河圖》（局部）【明】仇英 繪

　　「越日偃師謁見王。王薦之，曰：『若與偕來者何人耶？』對曰：『臣之所造能倡者。』穆王驚視之，趨步俯仰，信人也。巧夫！鎮其頤（撳動下巴），則歌合律；捧其手，則舞應節。千變萬化，惟意所適。王以為實人也，與盛姬內御並觀之。技將終，倡者瞬其目而招王之左右侍妾。王大怒，立欲誅偃師。偃師大懾，立剖散倡者以示王，皆傅會革、木、膠、漆、白、黑、丹、青之所為。王諦料之（仔細推敲）：內則肝、膽、心、肺、脾、肺、腸、胃，外則筋骨、支（肢）節、皮毛、齒髮，皆假物也，而無不畢具者。合會復如初見。王試廢其心，則口不能言；廢其肝，則目不能視；廢其腎，則足不能步。穆王始悅而歎曰：『人之巧乃可與造化者同功乎？』」

　　偃師所造之木偶，真可謂「巧奪天工」。因為這個故事，木偶藝術又被譽為「偃師戲」。偃師也被尊為木偶藝術之鼻祖。

　　然而，《列子》一書，署名先秦人列禦寇著，其實並非先秦古籍，當然，其中不乏先秦史料。上述故事，是否為先秦史料呢？現代學者季羨林教授曾考證之，結論是《列子》中的「偃師戲」一節是從佛經中的「傀儡戲」抄來的。這經是竺法護於西晉太康六年（285年）譯成的。如此看來，「偃師戲」不是西周已有木偶戲的可靠證據，《列子》中的這段故事卻堪稱西晉時的「木偶文學」佳作，它以曲折的方式，反映出傀儡戲已相當逼真、動人。

最初的木偶是殉葬用的？

　　《列子》中的「偃師戲」，雖不足以證明西周已有木偶戲，但是，東周時卻可能已有木偶。

　　考古學已充分揭示：商代盛行以人殉葬，周代亦有人殉，但較前代為少。春秋時，以活人殉死人的陋習已遭到有識之士的反對，於是開始用木偶代替活人殉葬。木人多用桐木製成，大概是取「同於」的意思。儘管如此，孔子還是堅持反對。他認

《骷髏幻戲圖》【南宋】李嵩 繪

畫面中一大骷髏席地而坐，用懸絲在操縱著一個小骷髏。這是宋代市井木偶表演形式之一種——懸絲傀儡演出。當然現實生活中這樣的表演是由人來操縱的，而以骷髏為主角的寓意大約是反映了人生命運的虛幻無常

為，往古紮個草人（名為「芻靈」）就可以了，現在刻木為偶，猶如生人，太不人道了，大罵說：「始作俑者，其無後乎？」從而可知，木偶最初是用於殉葬的，其先為芻靈，芻靈是用以代替人殉的。春秋時代則已出現被稱為「俑」的木偶了。

「偶」又為什麼叫「俑」呢？東漢鄭玄解釋說：「偶人也，有面目機發，有似於生人。」這裡的「機發」一詞很難解釋。三國魏人張揖撰有一部研討語言文字的專書《埤蒼》，解釋說：「木人送葬，設機關而能踴跳，故名之曰俑。」魏晉時大學者皇甫謐也說：「機械發動，踴躍，故謂之俑。」可知，俑即是一種設有機關，一經發動，便可為跳躍的木偶。依此說來，秦始皇兵馬俑，只是一種陶偶，還算不得可以跳躍的「俑」呢！同樣道理，依此種解釋，孔子時代已有「俑」了，也就是有了可以跳躍的木偶了。從而可以說，木偶戲之源可以上溯到春秋時代。據說西方傀儡戲的出現，可以上溯到西元前 5 世紀。那麼，東西方傀儡戲的出現幾乎是同時的。

木偶最早始於何時？漢代鄭玄認為始於西周初年。但目前考古學只知周代有土偶，卻未見木偶。同時，春秋戰國古墓時見木偶。孔子所說之俑，可以跳躍，在先秦考古中仍有待發現。令人欣然的是，西漢中期古墓已出土了可以跳躍的木偶。

這俑是 1978 年在山東萊西縣岱墅村東西漢古墓中發現的。同出木俑 13 件，卻唯有此俑最大，高 193 公分，比今人一般個頭還大。該俑全身是以 13 根木條構成一副活動骨架，各構件

間有關節，腹、腿部構件上鑽有許多小孔，骨架靈活機動，可坐、可立、可跪。當然，如以機械發動，足可踴躍。

該俑原來置於席上，席雖不存，用以鎮壓席角的四枚虎鎮猶存。俑旁置有一根銀條，長 115 公分，直徑 0.7 公分。大概是指揮木偶作戲時的調度之具。

這是一具地道的懸絲木偶。距今已有 2100 多年，是世界上已被發現的最古老的懸絲木偶。

這具木偶與殉葬木偶同出一墓，從而明確地揭示中國的木偶戲，既不是從什麼西域藝術家偃師那裡學來的，也不是佛教傳入中國才有的，而是在先秦時代以偶代殉之後肇其端，在漫長歲月中發展起來的。考古發現，先秦以及秦漢古墓中的陶偶、木偶，少則幾個，多則幾百幾千個。不難想見，送葬時，抬俑執俑的執事隊伍，浩浩蕩蕩，相當可觀。在發喪、路寢、安葬之時，舞俑為樂，執俑為戲，是很自然的事。久而久之，形成一門藝術，成為喪家樂中必不可少的動人節目。萊西木偶就是一證。初始借俑娛鬼，葬時則歸俑於墓。漢代中期仍如是。漢末方用之以娛人。

通觀中國木偶藝術史，其源當在春秋之末（雖有文獻可證，尚待考古有據）；西漢時成為喪家之樂，並已有懸絲木偶；東漢末，不但娛鬼，而且娛人，成為藝苑中一門獨立的藝術；晉代出現了木偶文學；唐宋時，已千姿百態，盛況空前。歷千有餘年，木偶藝術如今不只是中華藝術的一朵奇葩，且已成為瑰寶。

風箏

風箏，是一種有趣的巧妙玩具。在自己的故鄉中國，風箏千百年來都被視為「雕蟲小技」，不為大人先生所青睞。可是，當它從東方走到西方，卻被視為一項重大發明，讚譽它「引起人類飛向太空的遐想」，是它「誘導美國萊特兄弟製成世界上第一架飛機」。

然而，它的出身與家世，至今都撲朔迷離，沒有確說，故探索之。

「風箏」一詞怎麼來的？

孔老夫子說：「名不正，則言不順。」欲說風箏，也得先為之正名。

風箏因何得名？500年來，凡談及此，眾口一詞：「風箏」一名，始見於五代。李業在漢宮中放紙鳶（風箏古稱），「於鳶首，以竹為笛，使風入作聲，如箏鳴，俗呼風箏」。這個「緣笛聲如箏鳴」的說法，見載於明代陳沂《詢芻錄·風箏》。若依此說，「風箏」得名已有千年了。

然而，這是一件千古錯案。

「風箏」一詞，在唐代詩文中多見。初指風鐸，後方指紙鳶。李白〈登瓦官閣詩〉曰：「兩廊振法鼓，四角吟風箏。」這裡的「風箏」指的是風馬兒，古稱占風鐸。唐代的「風馬兒」，多懸玉製成，風吹玉撞，叮咚作響，有若擊箏時玉柱（弦柱）與弦共鳴，故稱「風箏」。後來，風箏專指紙鳶，風馬兒也改用銅鐵鑄製，即改稱風鈴、鐵馬兒。日本今有玻璃製成的風鈴，為一種民間工藝品，即從唐代的「風馬兒」演變而來，今已流布世界。

「風箏」一詞，何時始用來稱呼紙鳶？

晚唐詩人高駢有一首〈風箏〉詩：「夜靜弦聲響碧空，宮商信任往來風。依稀似曲才堪聽，又被移將別調中。」

《昇平樂事圖冊》清宮繪本

　　這首詩題名「風箏」，並已為「風箏」釋名。人人皆知箏乃弦樂，笛乃管樂。弦管之聲差異甚明。稱風入笛響，其聲若箏，令人難以置信。此詩則說「弦響碧空」，故稱「風箏」，不是更近情理嗎？

　　考之今日風箏，有裝笛哨者，其聲尖尖呼嘯，有附弓弦者，其聲嗡嗡箏箏。可知，風箏當緣弦響而得名，那不是李業在紙鳶上裝笛的功勞。

　　但是，李業的創造也不可忽略。他是在風箏上裝置響器的第一人。

紙鳶得名曰「風箏」，不自五代始，早在唐代已有，可考的歷史至少已有 1100 餘年了。

春秋的木雕能升空飛翔？

紙鳶源於何時？傳統說法之一，認為肇端於春秋的木鳶，已有兩千四五百年了。

木鳶是誰發明的？

一說為魯班，即公輸班。一說為墨子，即墨翟。

《墨子・魯問》記載：「公輸子削竹木以為鵲，成而飛之，三日不下。自以為至巧。」

《韓非子》載：「墨子為木鳶，三年而成，飛一日而敗。弟子曰：先生之至巧能使木鳶飛。」

這種人工飛行器，墨家說是魯班，韓非又說是墨子，究竟是誰首創的呢？遠在古代這就是個有爭議的問題。先秦的列禦寇先生首先受理此案，初審結果是：「夫班輸之雲梯，墨翟之飛鳶，自謂之能極也。」列氏將雲梯的發明權判給了魯班，將飛鳶的專利權判歸墨翟。

時過大約 2000 年，「風箏大師」曹雪芹重理此案。他的判詞是：「惟墨子作木鳶三年而飛之說，或無疑焉。」墨子又獲勝訴。

其實，稍加思考即知，這是件千古錯案。細心的讀者早已注意到，魯班「削竹木以為鵲」的話，是墨子親口說的，後由墨家傳人記載下來的。即魯班的發明權，是得到墨子承認的。甚至，墨子還批評這一發明算不上大巧。大巧要有利於人。製竹鵲、木鳶，還不如「削三寸之木」做個車轄，即可「載重五十石」，作遠途運輸。試想，墨子如此批評魯班，他自己還會花三年工夫製作木鳶嗎？

近年出版的《中國大百科全書・航空航太卷》，大概考慮到上述情況，將木鳶的發明權重判給了魯班，並不無稱許地說：「公輸班研製能

飛的木鳶，為人類研究航空模型之始。」千古冤判，終得昭雪。

木鳶是如何升空飛翔的？先秦古籍失載，後人莫聞其詳。其實，這一技術至漢代尚未失傳。天文學家張衡，就曾製成三輪木雕，設有機關。他的朋友讚譽他可使「三輪自轉，木雕獨飛」。（《後漢書・張衡傳》）

三輪、木雕為一物還是兩物？何以能「自轉」、「獨飛」，也失之記載。

考古學家考知，東漢時已有風輪，即今玩具風車，迎風即可自轉。見於遼陽東漢古墓壁畫。上述自轉的「三輪」，是不是即這種風輪呢？

晉人葛洪《抱樸子・雜應篇》記載：時有玩具竹蜻蜓。以竹蜻蜓原理製成的「飛車」，可飛轉「上升四十里」。

木鳶、木雕，是否就是竹蜻蜓式的發明被誇大地記載下來的呢？若果真如此，那就是說在 2500 年前到 1500 年前的上千年間，中國的先哲就已反覆探索類似今日直升機的螺旋槳升空式的飛行器及其原理了。

這裡附帶提及，在「木雕獨飛的」時代，中國人不但在探索氣體浮力升空的可能性，而且利用流動氣體作為動力已有相當成就。

在水上，早在距今 3000 年前，已為船裝帆。三國時出現樓船。西晉時，船帆「大者用布 120 幅，高 9 丈（約 21 公尺）」。（周處《風土記》）

在陸上，南朝時，以風力為動力的載人風車已見記載，「可載三十人，日行數百里」。（蕭繹《金樓子・雜記》）這種車，大概是裝帆駕馬的。君不見當時的「帆」字不是現在這種寫法，而是個會意字，左為「馬」，右為「風」，即「馬」與「風」的結合。20 世紀末，在北方仍有在獨輪車上張掛風帆，以風做助動力。

農業上，西漢時，已發明的風扇車代替了當時至少已使用了 5000 年的簸箕簸揚。同時，巧工丁緩製成七輪扇，這種扇，「一人運之，滿堂寒顫」。（《西京雜記》）

冶煉業，早在春秋時代，已採用牛皮囊式的人力鼓風機，時稱「囊橐」。漢代廣泛用煤冶煉，出現了馬力鼓風機，時稱「馬排」。西元 31

年，又發明了水利鼓風機，時稱「水排」。

這種種有關氣流動力的科技成就，已為古人進一步利用氣流積累了經驗。氣流的利用，不再限於水上、陸上，而「超險阻而飛達，越川澤而空遞」，已成為氣流動力科學當時發展的一種必然趨勢。這為風箏的上天，準備了必要的條件。

風箏初始是做武器用的？

紙鳶源於何時？傳統說法之二，認為創始於漢初，發明者為韓信。

關於韓信使用風箏，又有兩種說法。

一說，早在楚漢戰爭中就已使用風箏。據說韓信領十萬精兵，包圍楚霸王項羽於垓下，製一牛皮風箏，載著吹笛者飛臨楚軍上空，笛聲悲怨，引動楚兵思鄉之情，由是江東的八千子弟兵盡皆散去。依此說，其時當為西元前 202 年。

一說，漢高祖劉邦出征叛將陳豨，韓信與其同謀，在長安欲為亂，「故作紙鳶放之，以量未央宮之遠近，欲以穿地隧入宮中也」。依此說，其時當為西元前 196 年。

這兩種說法，前者見清人筆記傳聞，後者出自北宋高承《事物紀原》，他自書其所據，乃「古今相傳」。

仔細聽聽，這兩說均甚離奇，令人生疑。且不說古代，今日要做一個載人風箏，順利而上，安全而降，又談何容易！韓信乃著名軍事家，未央宮之遠近，何須以紙鳶量之方知！

仔細查索史籍，信史《史記》、《漢書》有關韓信事所載甚詳，唯不

載此二事。時至今日，凡較為嚴肅的史書、類書、辭典，皆不採此傳聞之說，皆因有悖於史實。甚至，蔡東藩先生著《前漢演義》，也不取此荒誕之說，風箏始於韓信乃無據之傳聞，不足信也。

紙鳶源於何時？傳統說法之三，認為始於南北朝時，見於信史記載。

南朝蕭梁時，侯景叛亂，包圍了京都建康（今南京），攻開了外城，皇帝百官都困於台城內，與援軍音信隔絕。這時，「有羊車兒獻策作紙鳶，繫以長繩，寫敕於內，放以從風，冀達援軍。題云『得鴟送援軍，賞銀百兩』。太子自出太極殿前，乘西北風縱之」。（《資治通鑒》）

這件事發生在梁太清三年正月十三日，即西元 549 年 2 月 25 日。

這一天，風箏上天，始有確載。

羊車兒未必是風箏的發明者，但他是留下姓名的最早一位與紙鳶有關的人。

太子蕭綱，後稱帝即梁簡文帝，他是留下姓名的最早的一位風箏的放飛者。

那風箏放出後，飛臨敵空，「群賊駭之」，「以為厭勝之術，射而下之」。可知，這次「越川澤而空遞」未能成功。但也有成功的例證。唐建中二年（781 年），叛軍包圍官軍於臨洺城（今河北永年）。官軍情急，「以紙為風鳶，高於百丈」，向援軍告急。風鳶飛過敵營上空。賊射之，不能及。（《新唐書‧田悅傳》）

南朝時，紙鳶大概還比較罕見，故「群賊駭之」。中唐時則不同了，無人驚駭。其飛高百丈，射之不及。可見此時非昔日可比，風箏的製作和放飛的技術都相當精湛。

紙鳶不但有空遞成功之例，也有「越險阻而飛達」的成功例證。在南朝羊車兒台城獻策之後 10 年，在北朝發生了元黃頭鳳台越險的故事。

北齊天保十年（559 年），齊帝大殺元魏貴族，抓了一批囚禁在金鳳臺上。京城鄴城有三台：銅雀台居中，高 10 丈；冰井臺峙北，高 8 丈；

與其對稱的為金鳳台，居南，其高亦當為 8 丈（約 26 公尺；今殘台高 12 公尺）。被困者急於逃生，遂「各乘紙鳶以飛」。其中，唯有元黃頭一人滑翔成功，「至紫陌乃墜」。（《北史》卷十九）紫陌去金鳳台多遠，無考。但知元黃頭安全墜落，隨之又被捕，終於餓死。

天空飛行，早在新莽時就有人進行過嘗試。大約在西漢天鳳六年（西元 19 年），即有一人身繫鳥羽，臂裝大鳥翅，登高台起飛，「飛數百步墜」。（《漢書・新莽傳》）

新莽時的這位勇士，他毫無畏懼地進行了有記載的人類第一次滑翔飛行試驗，犧牲了，也未留下姓名。北朝的元黃頭，雖未有科學試驗之心，卻成為人類第一個滑翔飛行的成功者。

縱觀歷史，紙鳶在南北朝以前，經過了漫長的準備階段，至蕭梁時已確然飛上了天，爾後十幾年間，即有著迅猛的發展。

風箏怎麼變成玩具的？

風箏，從古籍記載看，似乎它一問世就是兵家手中的特殊戰具。那麼，它何時方才成為孩子們手中的玩具呢？

先賢曾為之考證，並談及宋人郭若虛《圖畫見聞志》所載的畫苑一段佳話：畫家郭忠恕（生年不詳—977 年），有次被人請去當場作畫，展軸一看，卷長數丈。觀者皺眉。但見畫家以筆舔墨三五下，即從容在卷首畫了個稚氣可掬的兒童，隨之從兒童手中牽出一條墨線，一氣延至卷尾，又畫上了個小小風箏。此畫落墨不多，首尾兼顧，以一墨線控制全域，自成章法。論者以郭氏的生卒年為據，認為兒童放風箏，至遲在五代或北宋初年已有之。

若說，早在郭忠恕時代風箏已然入畫，或許是千真萬確的。但若以之為風箏成為玩具之始，卻不盡然。

詩人元積有詩句曰：「有鳥有鳥群紙鳶，因風假勢童子牽。」

　　此詩題為「有鳥」，所描繪的不正是群童放紙鳶的情景嗎？此詩收入《元氏長慶集》。這表明至晚在中唐長慶年間（821—824年），孩子們就手牽紙鳶玩耍了。

　　風箏，唐代已入詩，宋代已入畫，到了清初，則已入戲。戲劇大師李漁曾寫有劇本，內中以風箏為主題，引出男女主人公間的種種誤會和風流佳話。劇名為「風箏誤」。這可算是中國古典戲劇中最早的，也是最典型的一齣風箏戲吧！

　　風箏比賽，已成為國際性活動。自1984年以來，在山東省濰坊市已舉辦過十幾屆國際風箏大會。在古代，早在800多年以前，南宋王朝的京都臨安（今杭州）就年年舉辦風箏比賽的盛會。比賽的時間常在遊春之際，

《清明上河圖》（清院本／局部）【清】陳枚 等繪

比賽地點則在西湖斷橋一帶。比賽的方法是，風箏放起後，「以相勾引，相牽剪截」。即兩根或幾根風箏線絞在一起，相互絞磨，先斷者為負。這種民間比賽的方法和規則，如今已流行於世界。當然，這在現代國際風箏大賽中已是絕對不允許的。否則，是要犯規受罰的。

當年的風箏比賽，既有勝負，就有輸贏。因之高手輩出，有名周三、劉偏頭的，就曾名冠京師。他們的名字與畫壇名師、棋局聖手，以及各行藝術家的大名，並列於古籍文獻之中。可以說，中國最早的風箏比賽冠軍，今知其名的即周三、劉偏頭。

放風箏，如今仍有在風箏線上附帶飾物的。其物多裝有風輪或小帆，可乘風沿線而上。其物，有的附有絢麗的彩帶，臨空飄散；有的附有風鼓，沿線擊響；也有的帶有鞭炮，空中燃放……風箏的這些附飾，在文學名著《紅樓夢》中已見記載，時以北京話稱之為「送飯的」，意為再給飛起的風箏添加點兒力氣，距今已有 200 多年的歷史。

《姚大梅詩意圖冊‧其一》【清】任熊 繪

然而，這個「送飯的」，卻不自清代始。要追根溯源，早在臨安風箏比賽盛會上已經出現。時稱「爆仗起輪走線之戲」，簡言之，即「起輪走線」，將爆竹帶到天空鳴放。此事載於周密《武林舊事‧西湖遊幸》，為南宋淳熙年間（1174—1189 年）的事。那麼，這小小「送飯的」，算

來也有 800 歲的高齡了。

風箏為世人帶來了千年歡愉，可是，它自身的成長史卻長期無人問津。直到 240 多年前，即清乾隆二十三年（1758 年），中國風箏專著始問世，作者即文學才子曹雪芹，書名曰：「南鷂北鳶考工記」。這部風箏工藝專著，有圖譜，有歌訣，也有考證源流的文字。200 多年來，它在風箏藝人中輾轉傳抄，被奉為「風箏聖經」。

風箏

據記載，曹雪芹做的風箏，有次被友人借去或陳列於庭院，或懸於簷下，或列於廊上，邀請親朋好友前來觀賞。或許可以說，這就是中國最早的一次風箏家庭展覽會吧！

在這次展覽會上，有位藝壇名流應邀而來，見狀大加稱賞，轉側，見廊間有一絕色美人，即問主人：「那千金為府上何人？」頓時引起眾人大笑。原來，那「千金」也是個風箏，形象為「宓妃」，即三國時文學家曹植在《洛神賦》中所讚美的洛水女神。

《紅樓夢》在放風箏那節裡，談到了八種風箏，即鳳凰、蝴蝶、蝙蝠、大雁、美人、螃蟹、大魚、雙喜等。這些，在其《南鷂北鳶考工記》中多繪有圖譜，並以歌訣形式講明製作工藝及特點。據當今風箏行家說，在新中國成立以前的大約兩個世紀裡，京師風箏的圖式均未能超越這部「風箏聖經」。因之，曹雪芹被譽為中國的「風箏聖人」。

風箏和旗幟同出一門？

千百年來，傳統的觀點都認為紙鳶源於木鳶。然而，略加考察，即知此說不盡然。木鳶所仿製的是飛鳥猛禽，紙鳶的先型卻是測風的旌旗，兩者並無直系的血緣關係。這種新說的證據即存在於風箏的原始形態、古老名稱、鳶形圖案，以及放晦的風俗之中。

從古老名稱說起。

風箏的自身發展史雖已成過去，但至今在千姿百態的風箏圖式之中猶存古老資訊。在濰坊風箏博物館中，藏有 1000 餘具風箏。最大的龍頭蜈蚣風箏，多達 380 節，長達 360 公尺。臨空放飛，宛若巨龍。最簡易的風箏，兩根縱橫相交的竹篾撐起一塊手絹即成。我們知道，天文學家將宇宙間處於不同發展階段的天體依序排列起來，即可窺見星體的千百億年的演化史。生物學家則揭示，嬰兒的十月懷胎，所經歷的恰是幾億年間生命的進化過程。風箏也如是，只要將其依序排列起來，就可以看出一部風箏的千年發展史。其最大最難的龍頭蜈蚣風箏，恰恰是年齡最小的，被稱為「屁簾」、「瓦塊」的風箏，卻反而是最為古老而原始的，堪稱千歲了。

這種最原始的風箏，也有個最古老的名稱，即「風巾」。「風巾」的「巾」，在漢字中原寫作「旆」。《詩經・六月》：「織文鳥章，白旆央央。」意思是，旗上織有鳥紋圖樣，白色的燕尾狀飄帶多鮮亮。旆，左旁為漢字表旗幟的義符，即「旗」字去掉聲符「其」，右邊從「市」（ㄈㄨˋ，不是「市」），為兜襠布的象形字。可見造字的初義為「那形若兜襠布的旗幟飄帶」，後來也用以代指旗子。以兜襠布比喻旗子，猶若今日稱最簡易的風箏為「屁簾」，似乎不夠文雅。這一點，早在先秦時，學者們就已感覺到了。故而，《左傳》一書，有的版本已改寫「旆」為「旆」，即改「市」為「巾」。巾，為包頭布。

至此，可以說，從風箏的原始形態，以及有關的古老名稱，不難看出

它的起源同旗子有著密切的關係。此其一。

從鳶形圖案說起。

風箏，在古代稱紙鳶。那是因為它同古代的鳶紋旗子有關。

《禮記‧曲禮》載：上古軍旅以旗幟為號令。軍隊行進中，前方有水，即高舉起畫有水鳥青雀（又名鷁）的旗子；前方有風，則高舉起畫有鳴鳶的旗子；前方發現車騎，則高舉起畫有飛雁的旗子……

顯然，古時鳶旗是專用於報告風情的。鳴鳶即張口鳴叫的鳶。古代越人以鳴鳶為風伯，即風神。相傳，鳶鳴則風生。故鳶旗，就是畫有風神形象的旗子。

風箏，古稱紙鳶、紙鷂。今多做成猛禽之形，即來源古代測風旗上的風神形象。此其二。

《紅樓夢》配圖【清】孫溫 繪

放風箏是放晦氣？

從放晦的風俗說起。

風箏都有濃厚的神祕色彩。《紅樓夢》中即有瀟湘放晦的故事。

大觀園裡的姐妹集於瀟湘館，放起風箏來。瀟湘館主林黛玉已將大美人風箏放飛至高空，卻不忍放掉，說道：「這一放雖有趣，只是不忍。」賈寶玉忙說：「放了，若落到荒郊野外，我替她寂寞，把我這個也放了去，教他倆做個伴吧！」紫娟道：「姑娘不放，等我放。」說著，將線咯噔一聲鉸斷，笑道：「這一去把病根兒可都帶去了！」寶玉也剪了放去。

考之歷史，這種將人生吉凶禍福與風箏聯繫起來的神祕風俗相當古老。

上面曾談及，當梁太子蕭綱在台城放出紙鳶後，「群賊駭之，以為厭勝」。厭勝，即透過種種法術戰勝邪惡妖魔。諸如，立春時，為孩子掛紅布，以辟邪氣。端午節在門首掛蒲人，以代人受災。林黛玉即將那美人風箏視為自己的替身，將它放掉，自己也就免除病根而獲健康了。同理，誰要拾到放晦氣的風箏，晦氣也就找上誰。所以，要有風箏落入家中，則必須將其搗毀、燒掉。

這種燒掉、搗毀的方法，是以武力厭勝的形式。這不禁令人想起3000多年前商王武乙的故事來。武乙討厭天神，即以皮囊盛血，做成天神模樣，以箭射殺之。君不見，今日仍有以稻草為人形，吊之，燒之，以洩憤怨的嗎？與以風箏放晦氣的風俗相類似，都是古代巫術文化的折射與子遺。

放晦氣的風俗，直接來源於古代的占風。「占風」亦稱「風角」，即以觀風測風預卜吉凶禍福的一種方術。史載，漢代曾有占風家郎氏父子，以觀風作預言，多有應驗。古代兵家非常重視占風，如毀屋拔木的狂風曰「貪狼風」。古代兵家認為，出師若遇此風，大凶，要敗軍殺將的。兵書

《吳子》說：「將戰之時，審候風所從來：風順致，呼而從之；風逆，堅陣而待之。」讀者諸君大概都知道諸葛亮借東風的故事吧，當時，東風有無，成了赤壁之戰成敗的關鍵。這故事雖係演義家所虛擬，但用以說明兵家多麼重視占風，以及風向、風力與人世間吉凶禍福的關係，倒有幾分客觀真理性。

古人視風為神，故生出許多神祕觀來。

古人如何測風向？

放晦之俗，源於占風。占風也叫相風，即觀風測風。

唐代天寶年間，「五王宮中各立長竿，掛五色旗，於竿頭四垂，綴以金鈴。有風即往視之，旌所向，可知四方風候。謂之相風旌」。（《開元天寶遺事》）

相風旌，即測風旗，後歷代相沿。在古代，城樓、船桅、橋畔、宮殿等處，少有不置相風旌以測風向的。當時測風分級，也以「旌旗展開」作為三級風的陸上物象標準。

旌旗測風相當古老，但它還不是最古老的風向儀。最古老的風向儀是相風鳥。

相風鳥肇始甚古。相傳，古代東方帝王少昊的母親皇娥，遊於海上，即「刻玉為鳩」，知四時之候。（王嘉《拾遺記》）這是相風之祖的一個古老傳說。同時，還有相風創始於黃帝說、夏禹說、周公說等。

相風，早在原始社會中已經出現。先民懼風崇風，視風為神，故中國神話中有許多風神。進而，觀之測之，以祈福避禍。最早的風向儀用的是羽毛，將鳥兒去掉內臟，充之以草，立於竿頭，古稱「全羽」。也有的只將一些長羽綁於竿頭，古稱「析羽」。

當青銅文明進入鼎盛時期，這種相風鳥也有的改用銅鑄了。1989 年，在山西省聞喜縣出土一輛青銅挽車，車的頂蓋上有四隻小鳥。鳥的內部中

《清明上河圖》（局部）【北宋】張擇端 繪

圖中有相風鳥

心，設有頂針裝置，小鳥可以隨風旋轉。它是西周與春秋之際鑄製的，距今已有 2700 多年。至今用口氣吹動，仍可靈活轉動。

這是已知的中國現存的最古老的風向儀模型。小鳥為四隻，旨在象徵測四方之風，「知四時之候」。

先秦測風的鳥兒，主要為鳶，即貓頭鷹，它來源於東南方的古越文化。秦代改用烏鴉，稱相風鳥，它來源於西南方的古蜀文化。

至此，可以說，風箏的直系祖先不是木鳶，而是測風的鳶旗。鳶旗源於以鳥羽測風。此其三。

由此可見，風箏的「風」，這一字竟包含了一部中國古代風力史。

足球

足球，當今風靡世界，被稱為「世界第一運動」。那麼，試問第一運動的故里何方、起源何時呢？

相傳，古希臘時就有人踢球；古羅馬人也會踢球，可卻遭到羅馬皇帝的取締。據考證，非洲的古埃及人、美洲土著易洛魁人也都有過球類遊戲。但世界體壇公認足球運動的歷史以中國最悠久，稱中國是「足球的故鄉」。

中國足球有 5000 年歷史？

談及足球在中國的起源，約有三說。

一提及此事，不少人就會想起古典小說《水滸傳》裡那個以踢球發跡的高俅。高俅，歷史上確有其人。他原為蘇東坡的一個小吏，即小祕書。一個偶然的機會，他精湛的球藝得到端王（後即位為宋徽宗）的賞識，從此飛黃騰達，竟爬上太尉（相當國防部長）的高位。《水滸傳》曾描寫他兒子高衙內看上了禁軍教頭林沖的妻子，從而生出許多是非，最後竟把林沖這條好漢逼上了梁山。透過高俅一事，人們認為足球在中國已有上千年的歷史了。此或可稱之為「宋代說」。

其實，此說並不盡然。高俅的時代，已是中國足球史上的「風流時代」，其時球星輩出，高俅只是其一。當時甚至還有足球協會呢！

早在高俅之前 1000 多年，足球就已成為一種廣泛的體育活動。比如，西漢開國皇帝劉邦的老子劉太公、揚威大漠的年輕將軍霍去病，以及漢成帝、魏武帝、唐玄宗、宋太祖等，各個都是十足的球迷。唐僖宗既精於打馬球，又善於踢足球。他曾誇口說，若舉行球藝比賽，他可以得個全國狀元！

我們先說說劉太公。他當了太上皇，居於長安皇宮中，天天山珍海味，卻快快不樂。劉邦摸不著頭腦，暗中派人打聽，方知太上皇原在鄉里，與販夫屠戶為友，日以鬥雞、踢球（古稱蹋鞠、蹴鞠）為戲，自得其樂。移居深宮後，既不見故友，又不能踢球，故悶悶不樂。劉邦遂下令在長安城以東依照故鄉豐城的樣子蓋起一座新城。名曰新豐，並將豐城故老遷來。此後劉太公又天天與老友鬥雞、踢球，這才笑顏逐開。（《西京雜記》）

這故事表明，秦末漢初時，足球運動已然興起。劉太公則是有記載的中國最早一位足球愛好者。

到了西漢中期，足球運動已得到空前發展。據記載，當時「里有俗，黨有場，康莊馳逐，窮巷蹋鞠」。（《鹽鐵論・國疾》）古代五家為鄰，五鄰為里，一里即二十五家，可稱得上是個小的村莊。五百家為一黨，指較大村莊。這裡的意思是，城鄉到處都有踢球風俗，稍大的村莊即設有球場，城裡的大街小巷也到處有人追逐踢球。這種風習引起官方的關注，認為已成為國家的一大弊端，應引起注意了！

足球運動的空前發展，乃至有人寫出了《蹴鞠二十五篇》的足球專著（《漢書・藝文志》）。它不但是中國最古老的足球著作，也是世界體育史上最早的有關專著！

當時，足球盛行的影響也及於藝術。它成為繪畫的新題材，被廣泛用於裝飾畫。

唐章懷太子墓壁畫馬球圖

在河南登封嵩山腳下矗立的啟母闕建於西元 123 年，闕上就刻有一幅蹴鞠圖。20 世紀後半葉，在陝西綏德、河南南陽發現的漢畫像石上，也刻有生動的蹴鞠圖。這些蹴鞠圖，堪稱世界足球史最古老的文物了。

文獻與文物共同確證，足球的起源不但比宋代早得多，比漢代也要早。因之，有了足球起源於戰國說。

古籍記載，合縱家蘇秦在遊說齊宣王時講到齊國的社會風俗，說：「臨淄甚富而實，其民無不吹竽、鼓瑟、擊築、彈琴、鬥雞、走犬、六博、蹴鞠者。」（見《戰國策・齊策》《史記・蘇秦列傳》）從行文可知，蹴鞠在齊國都城臨淄是廣泛流行的文體活動之一。那麼，它的起源，當比戰國還早。因之，又有了「黃帝說」。

劉向（約前 77 年—前 6 年）《別錄》記載：「蹴鞠者，傳言黃帝所作。」「黃帝說」並不是劉向首創的。他在同時記載「或約起於戰國時。時記，『黃帝蹴鞠，兵勢也，所以練武士，知有才也』。」（《太平御覽・工藝部・蹴鞠》）原來，劉向曾見到當時尚存的戰國文獻中已有「黃帝蹴鞠」的記載，藉以駁斥「戰國說」，並表明先秦已有「黃帝說」。

自劉向以來，凡 2000 年，典籍中談及足球起源之時代，眾口一詞，皆言黃帝，從無疑義。這種「傳說」究有幾分根據，是否可靠呢？仍有待探討。

最初的足球長什麼樣？

談到足球之制，人們就會問：古代足球與現代的一樣嗎？有無球門？如何踢法，有何規則……這些問題幾句話難以說得清楚，還是讓我們一一考證吧。

先談足球。

足球是皮製球類的「老大哥」。它與兄弟姐妹的共同祖先是石的、陶的、木的球。當然，其中資格最老的是石球。石球堪稱世上球類的始祖。

中國先民藍田人早在大約 100 萬年前已打製石球。許家窯人在十多萬年以前已用兩石相碰之法，製出了近於正圓形的大大小小的石球，並用以製成類似流星錘式的飛石索，獵取了成千上萬頭的野馬。考古學家在 1975 年發掘出許家窯人的一個石球庫，其中藏有石球 1079 個。石球，大的直徑超過 10 公分，重量超過 1500 克。小的直徑不足 0.5 公分，重量不足 500 克。

　　原始人是否踢石球無法確證。但古代人踢石球是有記載的。《燕京歲時記》載，每年十月以後，窮苦孩子苦於腳冷，「琢石為球，以足蹴之，前後交擊為勝」。時至今日，在中國北方民間，冬季也時見這種活動。它可謂是足球運動的活化石了。

　　石球雖可踢玩，但畢竟是足球的遠祖。皮製的球才是足球的直系祖先。皮球歷數千年，經歷了四個階段：最初充米為球，古稱「鞠」；其次，楦之以毛，古稱「毱」；再次，吹之以氣，古稱「毬」；最後，今書為「球」。

　　鞠源於何時？

　　「鞠」字，以「革」為義符，表示它是以皮革製成的；以「匊」為聲符，表示讀音。「匊」從「勹」，即「包」，從「米」，即一包米的意思。說到這裡，可能不少讀者會想到城鄉孩子都喜歡踢著玩的布包來，其中或裝穀物，或裝沙子。可以說，這就是古代「鞠」的雛形，最原始的充物球。

　　「鞠」字，早在春秋時，已被用以借指球形之狀。如《論語》中有「鞠躬如也」，表示身體彎得像個球。比這更早，商代時，有鞠祭，即因將供物牛、羊、豬，彎蜷成為球狀而得名。夏人的文獻中，將「菊花」寫成「鞠」，即因菊花為球狀花冠的緣故。顯然，「鞠」的歷史，比中國文明史還要古老呢！

古代足球是如何製作的？

　　「毬」字出現較晚，約始於南北朝時，初唐始入字書（玄應《一切

《長春百子圖》（局部）
【北宋】蘇漢臣 繪

蹴鞠紋銅鏡

經音義》）。文字總是落後於現實的。其實，漢代應劭《風俗通》中已說：「丸毛，謂之鞠。」晉代郭璞《三蒼解詁》則說：「鞠，毛丸，可蹋戲。」「丸毛」、「毛丸」，有兩種說法，一說是在「丸」中楦毛，一說是以毛線纏成，也可能兩種都有，但都同「毛」有關。不過這時仍稱為「鞠」，書以「革」旁，而不是「毛」旁。

鞠的玩法，先秦稱「蹋鞠」，即用腳踏在球上，以腳後掌將球推出。漢代則多稱「蹴鞠」，「蹴」即用腳尖來踢。這兩種踢法，反映球內的虛實有差。依此推想，西漢時，鞠內已經充毛，至少有 2100—2200 年的歷史。

鞠何時方改楦毛為充氣的？《全唐詩話》裡有則故事。詩人皮日休與歸日安互相開玩笑，以詩相諷。皮日休以歸氏之姓與「龜」諧音，為詩一首：「硬骨殘形知幾秋？屍骸終是不風流。頑皮死後鑽須遍，都為平生不出頭。」歸氏也很風趣，將皮氏之姓比作皮球，反唇相譏：「八片尖斜砌作球，火中了水中揉。一包閒氣如常在，惹踢招拳卒未休。」

從這詩看來，晚唐時充氣皮球的製作工藝已相當成熟。同時，已有「充氣」之名，並有

宋踏鼓蹴鞠俑
球皮質縫合特徵明顯

人作《氣毬賦》，頌揚這一新玩具。

　　充氣皮球可能在初唐即已問世。高僧玄奘於貞觀末年所譯《瑜伽師地論》經書中即有「拍球」一語。試想，若非充氣之球怎麼拍得起來呢？盛唐時，王維有詩句曰「蹴鞠屢過飛鳥上」，讚揚踢球的場景。試想，若非充氣之皮球，彈跳性能怎麼會那麼好，球比鳥飛得還高？充氣的「毬」，大約西元 7 世紀已問世，9 世紀時技藝已臻嫻熟。在西方，英國有充氣皮球是在 11 世紀，比中國晚約 400 年。

　　充氣皮球的製作，宋金時又有所發展。往昔以八片尖皮拼接，構造可能類似今日籃球。上下兩端接縫密集，若踢在那裡，球易開裂。從考古發現的金代瓷枕《蹴鞠圖》上，以及傳世的元人錢選所繪名畫《宋太祖蹴鞠圖》上，都可以清楚地看到，當時的足球已是用六角形的皮塊拼接而成。當時製球已有嚴格的規格，要求「密縫不露線」、「碎湊十分圓」、「正

《宋太祖蹴鞠圖》

【元】錢選　繪

重十二兩」。有的用六片香皮拼成，有的用「十二香皮砌成」，不同規格品種的足球有 40 多種，其工藝與今日幾無二致。

人或欲問，古代的足球也有球膽嗎？

據古人記載，「氣之為球」、「在吹虛以取實」、「假手彌縫，終使滿而不溢」（《氣毬賦》）。依此記載，古代足球不用球膽，充氣後不漏氣，關鍵在於「彌縫」。怎麼「彌縫」？記述有缺。是否當球縫好以後，球內用牲血，或桐油，或漆類加以塗彌，形成一層不透氣的內膜呢？這有待專家去考究了。

當代體育史家多有認為古代充氣球是有球膽的，「即放有一個動物尿脬」。這一推斷是很有道理的。在今日鄉間，仍有將動物尿脬吹足氣讓小孩子玩耍的。古人怎麼會想不到利用這一天然球膽呢！然而，未有確證之前，這只能說是一種合理的想像。

古代的足球賽是怎麼開始？

踢球要有場，球場要有球門。在今日，這似乎是天經地義的，而在古典足球歷史上，卻不盡然。

古代足球「鞠」，大約有史 5000 年，球場見於文獻記載則只有 2100 年。

有趣的是，西漢時，當城鄉形成「足球熱」的時候，京城宮廷裡還修了室內球場，名曰「鞠室」。古典樂曲中有首足球之歌，古稱《鞠歌行》。據晉代文學家陸機《鞠歌行序》說，這首歌是歌頌「含章鞠室」和「靈芝鞠室」的。「含章」為宮殿名。「靈芝」當也如是。後世有稱球穴為「鞠室」的，這裡不是，所指當是附屬於宮殿的室內球場。

　　西漢晚期，已修造起有圍牆的足球場，古稱「鞠城」。當時的文學家李尤作有《鞠城銘》，文曰：「圓鞠方牆，仿效陰陽。法月衡對，二六相當。建長立平，其例有常。不有親疏，不有阿私。端心平意，莫怨其非。鞠政猶然，況乎執機。」

　　文意是，鞠是圓的，城是方的，猶若天（陽）圓地（陰）方。上場鞠手要有限量，彼此要平衡，雙方各以六名較為適當。各方都要有隊長，再共同舉出裁判。比賽要依常規進行，裁判要公平，不論親疏，不講私情。參賽者要心平氣和，不要責怪裁判。球賽都要有規則、講公心，更何況執掌國家的權柄呢！

　　文中「法月衡對，二六相當」句頗費解。有的認為「法月」，是指球場兩端月狀鞠域，即球穴，「彼此相對，其數各有六個，或十二個」。（《中國古代體育史簡編》）也有的解釋為「兩邊各有六個球門，一隊有十二人上場」。（《中國古代體育史話》）

　　「法月」一詞，除這銘文中一見外，在《禮記・禮運篇》中也見於「月以為量」的注疏。原文的意思是月之運行，時有盈虧，然盈虧有度，引申為「限量」的意思。當然，在《鞠城銘》裡是否可作為球門解釋呢？仍可探討。

　　「二六」確指人數，是有佐證的。晉傅玄《彈棋賦序》談道：「漢成帝好蹴鞠。大臣勸說此戲勞體傷身，至尊應多自保重！成帝說，總得有可玩的呀！那你們就找個不勞體傷力的來吧！於是，按照蹴鞠的玩法，發明了彈棋。」又據三國邯鄲淳《藝經》說：「彈棋，兩人對局，白黑棋各六枚，先列棋相當，便相彈也。」從而可知，「二六相當」是指人數，而是一邊六個，不是十二個。

　　說了球場，再說說球門。

　　古人稱球門，最早叫「鞠域」，後也稱「鞠窠」。因最早的鞠，中實以物，球身較重，只能在地面上滾動，故挖穴為門。頗似今高爾夫球的球穴。

唐代創造了充氣的皮球，彈跳性甚佳，故而球門一下子改在半空中。據《文獻通考》記載，這種高球門，「蓋始於唐，植兩修竹，高數丈，網路於上，為門以度球」。

　　這種高球門，宋人記之較詳。球門的兩立柱高 9.2 公尺，兩柱間距為 4 公尺。門柱上端距地面 7.6 公尺和 8.6 公尺處，有平行的兩根門楣，橫聯兩柱。因此，楣柱間形成個高 1 公尺、寬 4 公尺的門。在這個高門的中間有一圓形的「風流眼」（直徑 0.87 公尺）。兩側加網路以阻球。球從那風流眼中穿過方為勝。（陳元靚《事林廣記》）

　　唐代球門設於兩端，雙方進行直接對抗賽。宋代因鑒於時有頭斷肢折之事，將球門改在球場中間，將兩隊隔開，只能間接對抗賽。

　　那麼，何時由球穴改為球門的？

　　這個問題，史缺有間，未見確載。然而，在古文獻和古文字中仍留下一些蛛絲馬跡。

　　漢代年輕的愛國將領霍去病喜愛蹴鞠。《史記》、《漢書》都記載，他在塞上「穿域蹋鞠」。有趣的是，「蹋」字在《史記》中

《明宣宗行樂圖卷》（局部）佚名 繪

未加「門」旁，可在《漢書》中卻加上了個「門」旁。「蹋」字寫在「門」字裡邊。這裡的「門」，顯然是指球門。

　　古代改球穴為球門，大概是伴隨著鞠城的修建而出現的。鞠城的城門，就是最早的球門。司馬遷著《史記》時，還只有「鞠域」，而沒有「球門」，班固著《漢書》時，則感到蹋鞠不能沒有「球門」了。若這裡的推斷無誤，球門的出現約在西元前 91 年至西元 92 年，也可說在西元前後。

古代有哪些超級球星？

　　足球在唐、宋、遼、金、元，歷時數百年，一直是體育活動中的熱門。其間，球迷皇帝、球迷宰相，代不乏人。甚至踢球還可成為取得高官厚祿的一條捷徑呢。北宋劉攽《中山詩話》裡有這樣一個故事。

　　秀才柳三復，官運不通，但他踢得一腳好球，想以此為進身之階。他知道宰相丁謂是個球迷，卻無由得見，就天天守候在丁府牆外。有一天，丁府的球突然飛出牆來，他立即抱起，喜滋滋走進府去，門衛也不好攔他。見了丁謂之後，他將球向上一拋，一邊跪拜，一邊用肩、背、頭頂球，只見那球騰躍上下，始終不墜。丁謂見此，笑而奇之，遂延於門下。窮秀才

成了宰相府的座上客。

　　凡讀過《水滸傳》的，都知道太尉高俅就是以踢球進身的。這個柳秀才的故事，比高俅得寵還早約 80 年呢！

　　若有人寫中國古代球星史，當然少不了高俅。可是，還有個與高俅同時的「球星宰相」，且不可遺漏。他叫李邦彥，長於市井，「善謳歌，能蹴鞠」。他自詡「踢盡天下球」。他是球迷徽宗的宰相。京師人知其底裡，目之為「浪子宰相」。他在金兵攻宋時，是個投降派，曾在宮門外遭到請願的太學生的痛打。且不論他在政壇上的功過是非，在中國古代足壇上，李邦彥卻是個官位顯赫的球星。

　　趙宋幾百年間，球壇湧現出蘇傑、孟宣、張明、蔡潤等大批球星，各領一代風騷。球星王齊叟，字彥齡，出身於仕家，「有絕才，九流無所不能，宣和間（1119—1125 年）以蹴鞠馳天下名」。

　　趙宋時代是球星輩出的時代，也是足球協會興盛的時代。在京都臨安（今杭州），文人騷客結有西湖詩社，武林壯士結有射弓踏弩社，球星們也成立了中國最早的足球協會——「蹴鞠打球社」。

　　《事林廣記續集》有詩曰：「四海齊雲社，當場蹴氣球。作家偏著所，圓社最風流。」

　　詩中的「圓社」、「齊雲社」，即當時兩個著名的足球協會。

　　在古代足球術語中，「歪」，是不好的意思。「圓」，即好的意思。「圓社」，即足球明星協會。正因它是球星聚集之所，故也最英俊出眾，深得廣大球迷的崇拜。《蹴鞠譜》有詩說：「青春公子喜，白髮士夫憐。萬種風流事，圓社總為先。」

　　齊雲社是較為廣泛的民間足球協會，遍及各地，乃至宮廷裡也有這種組織，故有「四海齊雲社」之譽。這一球協，歷時 500 餘年之後仍為人所稱道。

　　圓社與齊雲社，球風各有特色。有詞《滿庭芳》一首論及此事。詞曰

「若論風流，無過圓社」，其球藝精絕，場場滿彩，故有「天下總呼圓」之譽。齊雲社則以迅猛著稱，威猛有若灌口二郎，故有「人都道，齊雲一社，三錦獨爭先」之贊。

趙宋時代，中國足球不僅出現了球星、足協，而且形成了有體系的技法和規則，並著錄成書。其套數之繁，難度之大，都遠過於今日的足球技術，故有「腳頭十萬踢，解數百千般」之說。其中不少規則是具有規律性的，故至今亦為足壇所遵循。今存明人汪雲程《蹴鞠圖譜》，乃彙集前人著述編成，記之甚詳。

古代女足有多精彩？

談及中國女足，不少人以為只是當代的事。1984 年，中國組成國家女子足球隊，後成為世界女足八強之一。若說中國古代即有女子足球隊，不少人會驚訝地搖著頭說，中國古代女子纏成小腳，怎能踢足球呢！

這是一種誤解，足球在中國，最初並非男子漢發明的，它的專利權原本即屬於女性。君不見，時至今日踢布包（原始足球）仍多是女孩子的遊戲嗎！早在唐代，宮廷女子足球就享有盛名，而且東傳日本，已有史 1000 多年了。

唐有女足，有詩賦為證。有句讚宮廷女足曰：「球體兮似珠，人顏兮似玉。」女子們踢起球來，「雷風宛轉，進退有據」、「球不離足，足不離球」，其球技之絕妙，時時超乎觀眾所料，「疑履地兮不履其地；疑騰虛兮還踐其實」、「華庭縱賞，萬人瞻仰」。由此可見唐代女足球技藝之一斑了。（《內人踢球賦》）

另外，高駢（821—887 年）《劇談錄》中也講到女足的故事。有一天，在長安城勝業坊北街，「時春雨初霽，有一三鬟女子，年可十七八，衣裝襤褸，穿木屐於道側槐樹下，值軍中少年蹴鞠，接而送之，直高數丈。於是，觀者漸眾」。

《昇平樂事圖冊》清宮繪本

再現了兒童踢毽子的歡樂場景

　　這女子足穿木屐，巧接漏球，一球踢得那麼高，足見球技之高超。由此可見當時民間女足中也不乏高手。

　　古代女足，少有對抗賽，多為技巧表演賽。猶若今日雜技中的踢毽子。二人對踢名「白打」。一人單踢稱「滾弄」，也稱「廝弄」。可用腳踢，也兼用簧肩、腆肚、抬膝、頭頂等動作，令球繞身，上下翻飛不已。

　　明代初年，出了位女足球星叫彭秀雲。她身懷絕技，漫遊四海。她有十六套解數，其一即「滾弄」。文豪詹同觀看了她的球技，讚不絕口，譽

其為「女流清芬」，並獻詩《滾弄行》相贈，一時傳為佳話。彭秀雲是中國5000年足球史上最早留下姓名的一位女球星。

中國古代足球在經歷了它的黃金時代之後，明清時，卻江河日下。明太祖明令禁止士兵踢球。同時，女子纏足之風已盛行開來，女足的發展受到了抑制。這時，中國女足並未絕跡，可它卻淪為藝伎娛客的伎倆，終至衰亡。

現代足球，是在19世紀末和20世紀初從西方傳入中國的。國際足聯於西元1931年在巴黎成立。中國足協於同年成為國際足聯的成員。中國足球運動，正在方興未艾，經過必經的艱苦歷程之後，必將會「衝出亞洲，走向世界」！

蹴鞠圖【清】黃卷 繪

釣魚

一提起釣魚，人們就會想起姜太公，並想到一句家喻戶曉的歇後語：姜太公釣魚——願者上鉤。歷來人們以姜太公為釣祖，似乎無可懷疑。其實，這古老的傳說，大有可以商榷之處。

釣魚的祖師爺是姜太公嗎？

　　姜太公，是西周開國元勳，姓姜，名尚，字子牙，祖先因封於呂，故又稱呂尚。呂尚年輕時殺過牛，賣過水，很能幹。相傳，殷將亡，呂尚西去，釣魚於磻溪，魚鉤是直的，也不掛餌，並懸於水上 3 尺，且念念有詞：「負命者（不怕死者）上鉤來。」這即「願者上鉤」一語的由來。

　　其實，釣魚不用鉤，或不掛餌的事都是有的。苦聰人的原始釣法，即只用一竿一繩，繫蚯蚓為餌，當魚兒吞了蚯蚓，將竿猛地一甩，魚兒就被甩上岸來了。這是釣魚不用鉤的一例。四川洪雅縣人在雅河中釣雅魚，就只將釣鉤垂於石岸邊，岸邊石上長有青苔，雅魚盲目，啃噬青苔時，往往就連鉤吞下，被釣住。這是釣魚不用餌的一例。姜太公的釣法更妙，鉤是直的，究竟是怎麼回事？有的說，古代的直鉤，類似今日魚卡。也有的說，考古發現的魚鉤，確有骨製的直鉤。然而，姜太公釣魚故事裡說的直鉤，或許另有深意吧！

　　太公垂釣在何處？古書多言在渭水之濱。至今，陝西寶雞東南約 15 公尺，有渭水支流磻溪河，河中有巨石，石上有磨痕，相傳即為太公投竿處，磨痕是太公兩膝磨出的。石上有太公廟。去廟約 1.5 公里，尚有文王廟，在磻溪入渭處。相傳文王請太公出世，並親自為之拉車至此。這些古蹟和傳說，早在 1400 多年前酈道元的地理名著《水經注》中就有記載，言之鑿鑿。可見這些古蹟歷史的久遠了。

太公釣魚之術，是個難解之謎，太公垂綸之處，除上述磻溪之外，也還有在河北省子牙河的說法。不管說法怎麼不同，但是，太公見到文王之後發表的一篇「垂釣與治國」的宏論，卻頗有見地，似當可信。宏論之大意是：

治國有若垂釣，以餌誘魚，有國者則以祿誘士，餌香則魚不顧危，祿豐則士不畏死。綸細餌微，所釣者亦小也，綸勁餌厚，所釣者亦大也。無重祿無以得大賢，無大賢何以得治國，國不治何以取天下？

據說，文王聽了這一宏論，十分崇仰，曰：「吾太公望子久矣！」意思是說祖父古公亶父早就盼望呂尚這樣的大賢了。因之，呂尚又得名曰「太公望」，或「姜望」、「呂望」，或簡呼之曰「太公。」

這篇議論，載於相傳為太公所著兵法《六韜・文韜》之中。這與其說是一篇「釣魚經」，莫若說是一篇招賢治國的「施政綱領」。至此，就不難理解上述「直鉤釣」的確切含義了。宋代文豪蘇軾說，這叫「大釣無鉤」。唐人羅隱則稱之

《渭水訪賢》【清】佚名 繪

為「直鉤釣國」。大詩人李白更有詩句，直稱其為「釣周」。的確，姜太公釣出的是一番鼎新革故的偉業，由之而興起的乃是一個歷時 800 年的周王朝。

　　姜太公由釣魚而釣國，堪稱一位垂釣聖手，倘若視之為中國釣魚史之鼻祖似乎也不為過。但是，漢人劉向《說苑》中有段故事，卻提出了相反的例證：「呂望年七十釣於渭渚，三日三夜無魚食者。望即憤，脫其衣冠。有農人謂望曰：『子姑復釣。必細其綸，芳其餌，徐徐而投，無令魚駭。』望如其言，初下得鮒，次得鯉。」

　　這段故事說得明明白白，釣魚非自太公始。太公垂綸，還是從「農人」學來的。事理昭然。釣魚若狩獵，若農耕，皆歷萬千年，不知經過多少人的摸索、創造和改進，才有巧妙的釣魚術。這實乃群眾智慧的結晶，焉能歸其功於一人呢！

遠古人已會釣魚？

　　小小魚鉤，質輕價微，似乎算不得什麼了不起的東西。但是，文化人類學卻已經揭示，它是人類進步的一個重要象徵，是項重大的發明。何以見得？

　　考古已經證明，早在幾百萬年以前，人類有些人群就開始吃魚了。可捕魚的方法，長期都是用手去摸，用棍棒打。雲南彝族男子，就有「善伏水取魚」的傳統。納西族在幾十年前還用一種木刀砍魚。

　　新石器時代的先民中，浙江河姆渡人的文化是比較先進的。他們早就吃上白米飯和烹魚了。可是，在其數以千計的文化遺物中，卻不見一件魚鉤，而魚骨成堆出現，還有圓雕木

釣魚

《帝王道統萬年圖・周文王》【明】仇英　繪

魚、泥塑陶魚以及魚形的木雕器柄等。甚至還有鯊魚牙製成的骨鑽呢！他們是如何得到魚的呢？大概除了手摸、棒打之外，還用弓箭射魚。因之遺留的骨鏃、石鏃有千餘枚。射魚，今日聽來頗覺新鮮，可這種方法沿用有上萬年了。2000 年前，秦始皇還親自到山東沿海射魚，在煙臺芝罘島射殺了一條大魚。幾十年前，鄂倫春族、高山族、黎族，也都還使用著這種以弓箭射魚的古老方法。

那麼，何時才有釣魚的呢？考古學家報告說，姜太公如果今日健在，可稱其「三千歲」了；可他們發現的小小魚鉤，雖不好稱之為「萬歲」，卻也可稱之為「七千歲」了。

渭水之濱的半坡先民，是非常重視漁業的。他們的彩陶器上，就繪有多種多樣的魚形紋，還有以魚形組成的人面形紋。據研究，他們創造的仰韶文化彩陶上絢麗多彩的紋飾，幾乎都是以魚形紋為概念發展、

《漁村小雪圖》（局部）【北宋】王詵 繪

小雪初霽，漁民們或釣魚，或張網，動態不一，生動傳神

演變而來。可想而知，半坡先民捕魚技術已是比較先進的。在半坡出土文物中，有骨製魚叉 20 枚，其上有倒鉤，石網墜 300 餘枚，以及製作精巧的骨質魚鉤 9 件。從而可以推斷，半坡先民捕魚，主要是用魚叉，用網捕，但釣魚作為生產手段之一也出現了。

釣魚之始，或曾有過不知用鉤的過程，如前述苦聰人那樣。芒人婦女也是釣魚不用鉤的，岸邊設一竹簍，魚兒一吞餌，一甩就將之甩到竹簍中了。其釣技之巧，也堪稱一絕呢！儘管如此，魚兒吞了釣餌溜掉也是有可能的。魚鉤，大概就是為了使魚兒不能輕易跑掉這一生產需要而被採用的。從漁業史資料看，魚鉤的原始形態是鳥獸的鉤狀爪，或鉤狀小骨，以及樹枝、棘刺等天然物。半坡先民的骨鉤，是經過雕琢打磨的，顯然是對天然魚鉤的仿製，並有所改進和發展了。如果說，無鉤釣魚或以天然鉤狀物釣魚，可稱之為釣魚史上的濫觴期，那麼，骨製魚鉤的出現，則標誌著釣魚史的開端了。所以說，中國釣魚史至少已有 7000 多年了。

古代還有釣魚魔術？

釣魚，大概在人類進入文明時代前後，就具有既是一種謀生手段，又是一種娛樂的雙重價值，只不過人們所處的生活條件不同，而對它抱的目的也各有不同罷了。有些靠釣魚維持生活，有些則從其中求得樂趣。作為文化活動的釣魚藝術至晚在姜太公所生活的西周初年就有了。

釣魚，在先秦諸子著述中，多有提及，尤以莊子為最。漢魏以降，釣具日精，能手輩出，釣技進一步被藝術化了。

東漢時，漁具中已出現一種「丹鯉餌」。用木做成魚形，塗上丹漆，用絲懸掛，投入水中，漂然躍動，活像真魚。魚誤認是同類，就一群群聚攏來。這件發明記載於王充《論衡・亂龍篇》。這表明假餌在中國已有史一千七八百年。目前假餌在世界上頗為流行，但在中國卻少有人用了。

漢魏人還流傳著一個詹和善釣的故事。說他以獨根繭絲為綸，用芒針

《垂釣圖》【明】沈周 繪

　　為鉤，荊條做竿，割粒為餌，從百仞深淵中釣出盈車之魚，而鉤不壞，綸不斷，竿不折，真是再巧也沒有了。這是篇寓言，誇大其詞，不足憑信。可是，它反映漢魏時代垂釣已有高手，熟識釣魚規律，這當是可信的。

　　其實，漢魏時，不僅已有釣魚藝術，還有釣魚魔術呢！

　　有一次，曹操與眾歡宴，忽停箸而嘆曰：「今日之宴，恨少松江鱸魚耳！」松江，即今上海之吳淞江，時為吳國轄境，在孫權治下。時座中有

高士左慈，道：「此有何難？」遂索盤貯水，投綸以釣，須臾，一條三尺鱸魚被牽引而出。操且驚且疑，遂言，一魚難調眾口。請復釣。但見，左慈執竿盤上，又一條鱸魚躍然而出。

這裡說的故事，不是《三國演義》的作者編造的，而見諸著名史籍《後漢書》。

類似的故事，在六朝故事中多有。晉人葛洪《神仙傳》中，就記有個名叫介象的高士為吳王在庭中釣得只有黃河中才生長的鯔魚的故事。假如除去故事中的怪誕成分，不難看出這是一種類似於今日「空中釣魚」的魔術。釣魚魔術的出現，是否可以說是釣魚藝術高度發展在藝術節目中的一種反映呢？

釣魚何以成為雅好？

釣魚，若說在先秦漢魏還只是少數高士的雅好，那麼，到了唐宋時代在文人墨客中則蔚然成風，有若賦詩填詞，飲酒行令，成了一種風流雅事。因之，投竿之詩，垂綸之文，不絕於縷。有些已成千古名句。如「垂釣綠灣春」、「荷動知魚散」、「今日太湖風色好，卻將詩句乞魚鉤」、「釣罷歸來不繫船」、「只在蘆花淺水邊」。可見詩人們多以蕩舟垂釣為風雅，且興致濃濃，賦詠自娛。詩人杜荀鶴甚至大聲疾呼願做五湖「垂釣師」呢！

詩人李白，氣勢磅礡，志若鯤鵬，自然不

《楓溪垂釣圖軸紙本》
【明】仇英 繪

同於凡響，不安於觀荷動、乞魚鉤、繫小船、垂投湖上，當個垂釣師。他去長安，謁宰相，自書謁（古代名片）曰「海上釣鼇客李白」。宰相問：「先生臨滄海，釣巨鼇，以何為釣線？」李白曰：「以風浪逸其情，乾坤縱其志；以虹霓為絲，以明月為鉤。」又問：「當以何物為餌？」李白曰：「當以天下無義丈夫為餌！」宰相悚然變色。這段故事以釣為題，表達了詩人「濟滄海」、「安社稷」的雄圖與抱負，成為膾炙人口的佳話。若視之為垂釣文學，稱之為「釣鼇賦」，當不為謬吧！

　　釣魚文學，也是人各有志，文各有采。柳宗元的垂釣詩《江雪》則別具一格，成為千古絕唱。詩曰：「千山鳥飛絕，萬徑人蹤滅。孤舟蓑笠翁，獨釣寒江雪。」

　　歷代不知有多少畫家，依詩之意境畫過《寒江獨釣圖》。有趣的是，釣魚史研究者有的別具慧眼，有的認為這是首「冰釣詩」，可見中國冰釣見諸記載已有千餘年。也有的認為柳氏此詩作於永州，在今湖南，天雖有雪，江中未必有冰，故可稱之為「雪釣詩」。

　　李太白釣鼇，柳宗元釣雪，唯有杜甫老成，冬日無魚，也不敢去鑿冰，說什麼：「黃河美魚不易得，鑿冰恐侵河伯宮。」多麼善良的老頭啊！可

北宋磁州窯童子垂釣枕

杜甫的兒子卻是個小釣魚迷。杜詩《江村》曰：「老妻畫紙為棋局，稚子敲針作釣鉤。」從釣魚源流角度看，這後一句詩很重要。它不僅記錄了唐代已用金屬製的針鉤，也記錄了童釣。杜甫的稚子大概是目前知道的見諸記載最早的一位兒童釣魚愛好者了。

晚唐胡令能的《小兒垂釣》詩，曰：

蓬頭稚子學垂綸，側坐莓苔草映身。
路上借問遙招手，怕得魚驚不應人。

這是已知最早的童釣詩佳作之一。

宋代金人的瓷枕上，有幅《稚子垂綸圖》，是目前已知的最早的童釣圖之一。

當今世界上釣魚活動發展甚快。中國近些年釣魚也日趨活躍。1983年，中國釣魚協會正式成立。之後，不少城市、部門也相繼成立了釣魚分會。1984年，《中國釣魚》

雜誌也正式創刊。1986年，青島還舉辦首屆國際釣魚節。之後，在威海、大連、無錫、蘇州等地，國內的、國際的釣魚比賽接連不斷。2004年，大連舉辦國際釣魚節活動。而四川合川古稱釣魚城，也在謀劃不久後將舉辦國際釣魚節活動呢！可以預見，中國釣魚活動伴隨國家經濟的繁榮，人民生活的富裕安定，將為廣大人民所喜愛。其源遠，其流亦長，再不是「涓涓」、「汨汨」，必將是「滔滔」、「滾滾」，驚濤拍岸！（楊珍）

鬥蟋蟀

古代娛樂生活中，多有以動物相鬥來取樂的。如鬥虎、鬥牛，也有令虎牛相鬥的。試想猛虎鬥強牛，一個血口利爪，一個巨頭碩角，爭鬥起來那是何等的威猛雄壯，驚心動魄啊！至今，在漢代的畫像石上就遺存有那種鬥獸的壯觀場景。

古代不僅鬥獸，也鬥禽蟲。鬥禽，如鬥雞、鬥鵪鶉；鬥蟲，如鬥蟻、鬥蟋蟀。禽蟲雖小，性尤好鬥。爭鬥起來，羽飛肢殘，橫屍疆場，亦少有畏懼，其勇敢拼鬥的精神，令人感動，惹人愛憐。其最為憨勇者，或許莫過於蟋蟀了。

鬥蟋蟀起源於何時？

古人記述有一蟋蟀方首鬥金雞的故事。故事說，蟋蟀方首戰勝了強敵，正振翅有聲，以鳴得意，忽有金雞聞聲而至，猛然啄之。方首機警，跳出盈尺。雞再啄，見方首已在爪下。觀者汗背，尋之不果。但見金雞伸頸搖冠，咯咯亂叫，不得自已，方見方首已躍上雞冠，力叮不釋，迫使金雞敗北。故事自然是誇張的，但卻寫出了蟋蟀不畏強敵的精神。難怪其優勝者常常贏得人們給予的「鐵槍」、「無畏」，乃至「大將軍」、「威猛將軍」、「蟲王」等雅號、美稱了。凡目睹過鬥蟋者皆知，蟋蟀之勇猛精神，實不減於悍禽猛獸。

鬥蟋在各種鬥戲中興起較晚，但對東方文化之影響，卻最大、最普遍。乃至古代有「蟋蟀宰相」、「蟋蟀皇帝」，而今有「蟋蟀協會」，成為古往今來，從宮廷到民間，千百萬人雅好的遊藝活動之一。此種活動究竟始於何時？

蟋蟀引起古人的注意和觀察是很早的。在 2500 年前，孔子刪定的《詩經》中，就有《蟋蟀》之篇。人們觀察到秋季轉涼，蟋蟀入堂的規律，留下了「蟋蟀在堂」、「十月蟋蟀入我床下」之類的詩句。漢初成書的《爾雅》釋「蟋蟀」為「蜇」，亦寫作「蛬」，音瓊。蛬，指蝗蟲一類的昆蟲。蟋蟀似蝗而小，漢魏人又細分之，稱之為「吟蛬」，即善於吟叫的小蝗蟲。魏晉時代，則稱之為「促織」，亦稱之為「趨織」。其音皆與今俗稱之名「蛐蛐兒」相近。其得名，乃源於其鳴叫之聲。從訓詁學角度考慮，「促織」、「趨織」、「蛐蛐兒」皆為一音之轉。

從蟋蟀之得名可知，這小小昆蟲之所以引起人們的興趣，起初並非因其好鬥，而是由於它那悅耳的音樂般的鳴聲。這小蟲的鳴聲，在不同境遇的古人心中，往往引起不同的感受。婦女們聽到它，就想到秋天轉涼，彷彿蟲聲是在促其趕緊織布、縫製寒衣。故古代幽州地方有諺曰：「趨織鳴，懶婦驚。」深宮佳麗、異鄉遊子聽到它，則不禁會感到，其聲如泣如訴，切切淒淒，若孤雁哀鳴，若幼鹿失群。杜甫就感嘆地唱道：「促織甚細微，哀音何動人！」

人們何時始畜養蟋蟀以聽其聲，已難以稽考。今日可見之著述、可資考證者，最早

《鬥蟋蟀》【清】崔錯 繪

為五代人王仁裕著《開元天寶遺事》。書中有《金籠蟋蟀》一條，曰：「每至秋時，宮中妃妾輩，皆以小金籠捉蟋蟀，閉於籠中，置之枕函畔，夜聽其聲。庶民之家皆效之也。」人們在玩賞蟋蟀過程中，終於發現雄性蟋蟀具有好鬥的特性，於是先在宮禁中興起鬥蟋的遊戲。爾後，又發展成賭博。宋人顧文薦《負暄雜錄》中說，唐天寶間，長安人鬥蟋成風，「鏤象牙為籠而畜之，以萬金之資付之一喙」。鬥蟋之風，是否即始之於此呢？顧氏又說：「其來遠矣！」遠到何時？他卻未作詳說。今天，也有些昆蟲學家、

《秋庭戲嬰圖》【北宋】蘇漢臣 繪

三童子一人手持細棒鬥促織為戲，另外兩人又喜又懼，欲試又止，情態逼真

文化史家，認為鬥蟋蟀當始之於開元、天寶以前，雖不見著述，於文獻無證，也未必就沒有。當時長安鬥蟋之盛況，豈是在短期之內可以發展起來的呢？因之可說，鬥蟋迄今至少有 1200 多年歷史了。

鬥蟋蟀鬥得誤國？

南宋，在鬥蟋史上是著名的時代。此時鬥蟋已不限於京師，也不限於貴族。市民，乃至僧尼也雅好此戲。相傳，天臺人道濟，即喜嗜酒肉的有名和尚濟顛僧，俗稱「濟公」，也曾因其被譽為「鐵槍」的蟋蟀之死而傷悼，為之安葬，並作悼詞、祭文，以為紀念。甚至，有些嗜蟋者死後，要將畜蟋用具隨葬。鎮江南宋古墓就出土過蟋蟀籠多隻。當時文壇畫場，以促織為題之作，連篇迭湧，盛況空前，足觀一代之風尚。

就在此時，出了位有名的「蟋蟀宰相」，就是南宋將亡之際的權相賈似道。此人曾以右丞相之職領兵救鄂州（今湖北武昌），但他畏敵如虎，躊躇不前，便私向蒙軍統帥忽必烈求和，答應稱臣納幣，爾後詐稱大勝，遂凱旋。從此專權多年，封太師，平章軍國重事。他不以軍國為重，政無大小，都在其西湖葛嶺私宅裁決。襄陽被蒙軍圍攻數年，他隱匿不報，又不派兵全力援救，卻成天在葛嶺半閒堂與群妾踞地鬥蟋蟀。其間狎客入，戲之曰：「此軍國重事邪？」他聽到這樣的譏諷，竟然一點兒也不臉紅。朝廷的腐敗，最終導致了南宋小朝廷的崩潰。

賈似道作為一代權相，鬥蟋誤國，落得個千古罵名。然而，他作為鬥蟋愛好者，卻總結經驗，編寫了世界上第一部關於蟋蟀研究的專門著作——《促織經》，堪稱中國蟋蟀研究的開創者之一。賈氏《促織經》原著今已不傳，現在見到的是明人周履靖的增訂本。全書萬餘字，詳細介紹了捕捉、收買、餵養、鬥勝、醫傷、治病、繁殖等方法。「論鬥」一節，有「促織三拗」一說。拗者，不順常情也。三拗是：「贏叫輸不叫，一也；雌上雄背，二也；過蛋有力，三也。」蛋，即精囊。過蛋，指精囊肥大。

其觀察可謂細緻入微。尤其對蟋蟀交配習性的發現，更發前人所未發，頗可稱述。在今天，亦不失為一份難得的資料。

鬥蟋蟀鬥得傾家蕩產？

明清兩代歷時 543 年，鬥蟋之風經久不衰，尤以明宣德年間稱盛。當時出了位酷愛鬥蟋蟀的皇帝朱瞻基，歲歲有征，民不堪擾。皇帝曾敕令蘇州知府採辦蟋蟀。「今所進促織數少，又多細小不堪的。已敕他每（們）……要一千個……不要誤了。」搜覓千頭上好的蟋蟀，談何容易！一敕至府，健夫小兒，常「群聚草間，側耳往來，面貌兀兀，若有所失」、「至於溷廁之中，一聞其聲，踴身疾趨如饞貓。」（明代袁宏道《畜促織》）為進貢一頭蟋蟀而傾家蕩產，家破人亡的不在少數。可謂中國蟋蟀史上的

《唐苑嬉春圖》【明】朱瞻基 繪

「血淚篇」。

清代文學巨筆蒲松齡曾將這血淚篇章寫成一短篇小說《促織》。內容說的是明宣德年間，里胥（鄉吏）奉上司之命向一窮困潦倒的讀書人成名索蟋蟀。成名到處捉不得，就在惶惶不可終日、「憂悶欲死」之時，終於得到一頭佳品。誰知剛剛到手，卻被頑皮的兒子捏死了。兒子懼怕父親責罵，投井自盡，雖被救起，卻長眠不醒。其魂魄化作一隻輕捷善鬥的蟋蟀。其父得之，獻於皇帝，得了重賞。這段生生死死的故事，入木三分地揭示了封建社會的黑暗，堪稱一篇蟋蟀文學佳作。近人將此故事改編成電影上映，直題其名曰「蟋蟀皇帝」，真乃畫龍點睛，一語破的。

賈似道的《促織經》問世以後，明清兩代有關蟋蟀的專著又相繼出過多部。除前已提及的《促織經》和《畜促織》外，還有明代劉侗著的《促織志》，清代更有金文錦的《促織經》，石蓮的《蟋蟀祕要》，朱翠庭輯

朱瞻基為朱棣之孫，他在位期間是明朝文治武功的巔峰時期。他特別喜歡鬥蟋蟀，在繪畫上也有很高的造詣。這幅畫上的貓咪憨態十足，非常可愛

的《蟋蟀譜》，金氏刪定的《促織經》和朱從延纂輯、林德垓、莊樂耕重訂的《蚟孫鑒》等。漢代楚人稱蟋蟀曰蚟孫，蚟孫或即蝗孫。這些著作，大多以賈似道的《促織經》為基礎，增益而成。

近代，李文狪於 1931 年出版了《蟋蟀譜》一書，同年，李石孫、徐元禮等編輯出版了一部集大成之作《蟋蟀譜》，全書 12 卷，為盆圖一卷，卷首一卷，譜 10 卷。此書卷帙雖繁，內容仍未超越前人水準，故亦可視為明清文獻之餘緒。

蟋蟀還能創造財富？

縱觀歷史，北京鬥蟋蟀的風習，可謂源遠流長，在明清文獻中就屢有記述。明代袁氏《畜促織》中說：「京師人至七八月，家家皆養促織。」清人潘榮陛的《帝京歲時紀勝》中記載：「都人好畜蟋蟀，秋日貯以精瓷盆盂，賭鬥角勝，有價值數十金者，為市易之。」

清朝的王公貴族，是在入關後才始嗜鬥蟋之戲的。每年秋季，京師就架設起寬大的棚場，開局賭博。牽頭的是織造府，因蟋蟀有促織之名，也就隸屬於他們的管轄範圍之內了。織造府為此發表告示規條，興師動眾，一時北京城成了以蟋蟀勝負而相角逐的一座賭城。

明宣德青花汀州白鷺紋蟋蟀罐

宣德皇帝為了養蟲鬥蟲命令景德鎮燒造了極其精美的蟋蟀罐。宣德死後，太皇太后命令砸碎宮中和瓷器廠所有的蟋蟀罐，因此宣德朝流傳下來的蟋蟀罐非常稀少

　　北京平民百姓鬥蟋蟀與之不同，多屬遊樂性質。據老人們回憶，早年規定以四罐為一桌，即一組。鬥前先比較雙方蟋蟀的體形大小，如同今日拳擊比賽，非同一等級的不相鬥，大小相當的才能放入罐中一決雌雄。多數以月餅、花糕、水果為賭注，勝利一方的主人及圍觀者都可大飽口福，以求一樂。

　　筆者親聞，在 1949 年以前，京城廟會上都有出售蟋蟀的市場，攤販少則幾十，多則數百，人來人往，熙熙攘攘。一入秋來，京郊草叢廢墟中，覓蟋者成群結夥，或為三五少年，或為兩三白頭，其興致之濃，不亞於嗜獵者。然而比起往昔，這情景只不過是鬥蟋傳統的殘風餘韻罷了。

　　鬥蟋之戲，約源於唐，著於宋，

《蟋蟀》齊白石 繪

而盛於明清。至現代，由於外敵入侵，內禍連綿，生靈塗炭，自顧不暇，何及於蟋。故至新中國成立前夕，鬥蟋之俗已幾近絕跡。

　　自 1970 年代以來，隨著人民生活水準的提高，文化娛樂活動漸漸多樣化，民間鬥蟋蟀的活動又興旺起來。當代鬥蟋蟀早已不是少數人的賭博手段，已和釣魚、養鳥、種花一樣，成為廣大人民彼此交往、陶冶性情的文化活動，或可稱之為最具東方特色的「蟋蟀文化」吧！80 年代以後，中華蟋蟀協會在北京、天津、南京、上海、西安等許多城市相繼建立，中國愛好鬥蟋的人數已多達千萬。同時，有些地方成立了蟋蟀文化研究院、中華

蟋蟀俱樂部、中華鳴蟲協會、秋蟲館（鬥蟋館），以及中華蟋蟀網站，等等。不少城市、地方連年舉辦中國蟋蟀文化節、組織中華蟋蟀大賽等。當代蟋蟀文化，或可謂盛況空前！同時，關於蟋蟀的著作出版日多。比如王世襄先生編注的《促織經大成》，堪稱研究鬥蟋文化的巨製佳作。

　　這裡附帶說及「蟋蟀經濟」。20 世紀末，臺灣有位賴彬先生，初始雅好鬥蟋，後發明一品新的菜餚「香酥蟋蟀」，大受食客歡迎。蟋蟀從害蟲搖身一變而成為美饌。可是，蟋蟀野生，春發秋死，不能經常供應。他就建起蟋蟀溫室養殖場，貨源四季不斷，生意紅火起來。他也因這小蟲而成為巨富。這一美味，如今已成為東南亞一些國家旅遊餐桌上的一款名菜。21 世紀初，中國出現了個「蟋蟀王國」，那就是明清時代年年向皇家進貢蟋蟀而聞名的、泰山西南的山東省寧陽縣。近幾年，寧陽發展起「蟲經濟」，即「蟋蟀經濟」，一頭名種蟋蟀價格高達千元、萬元，每年捕蟲之季，全國蟲迷與蟲販蜂擁而來，多達數萬人，全縣每年收入數以億計。從一個貧困縣一躍而成了富裕縣！這是往昔深受蟋蟀之害的寧陽人自己也未曾料到的！（莫容）

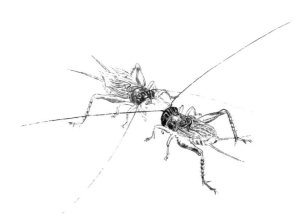

《鬥蟋蟀》齊白石 繪

笛子

小時候，我和幾個小夥伴都喜歡吹笛弄管，常常歡聚在林中塘畔，舉行「兒童音樂會」。「樂器」沒有一件是買的，都是就地取材，臨時製作的。摘幾片葦葉，卷成個筒，把吹口捏扁，就是一個小喇叭了。折段柳枝，把木質從皮內擠出去，剩下個樹皮筒，就可以吹得嗚嗚作響了。用一片樹葉或蔥皮，放在唇邊，也能吹出聲音來。一次，有個小夥伴拾得一個羊角殼，居然成為我們小小樂隊中的「高級樂器」。再撿兩塊卵石，打起節拍，嘟嘟，吱吱，嗚嗚，嗒嗒，相當熱鬧呢！這樣的「兒童音樂會」，在成人看來也許是不屑入耳的，可是，我們這群孩子卻都樂得手舞足蹈，流連忘返呢！

說到這兒，我想：人類在童年時代對音樂的興致，或許與我們這群孩子的興致差不多吧？

中國第一把笛子是誰製作的？

在古代中國，大凡不確知其始的古老文化成就，古人往往就歸功於中華民族的始祖黃帝，於是，黃帝被尊奉為「人文之祖」。諸如弓矢、文字、曆法、甲子、衣冠、宮室、舟楫等，據說都是黃帝或其臣子發明創造的。

《史記》、《漢書》等古籍記載，中國音樂史上的第一把笛子，也是第一件標準樂器，就是黃帝令樂官伶倫製作而成的。大概是故神其事，還說那笛子是從大夏之西、崑崙之陰的解谷伐來的竹子製成的，共製成十二枚，可吹奏出十二個樂音，六個音似鳳的鳴聲，六個音似凰的叫聲，也就是「六律」和「六呂」，合稱「十二律呂」。如此說來，中國的音律史以伶倫製笛為開端，始於黃帝時代，已有史 5000 年了。

然而，事實並非如此。

古代樂器，統稱「八音」。何謂「八音」？古代兒童識字課本《三

《漁笛圖》（局部）

【明】仇英 繪

字經》中說：「匏土革，木石金，絲與竹，乃八音。」意思是，樂器是用匏（葫蘆）、土、革（皮革）、木、石、金、絲、竹八種質地的原料製成的。這是自古以來公認的音樂常識。

然而，事實也不盡如此。

原始人製作骨笛做什麼用？

二十多年前，考古學家在長江下游、錢塘江畔的一處古文化遺址中，發現了一大批骨笛。它們是用「骨」製成的，這就超出了古人關於製造樂器所用材料的「八音」說。它的年代比黃帝時代還要早 2000 年。因之，中國的音樂史開篇就不得不重新改寫，從原來的 5000 年前上溯到 7000 年前。

與骨笛同出的，還有迄今所發現的中國最古老的船槳和第一個漆碗，以及其他許多前所未見的遺存。這些遺存代表著江南的一支古老文化，是在浙江餘姚河姆渡新石器時代遺址中發現的，故而被稱為「河姆渡文化」（前 5000—前 3300 年）。那骨笛也就被稱為「河姆渡骨笛」。

河姆渡骨笛共出 160 枚，長的不過 12 公分，短的只有 4 公分。或開雙孔，或只開單孔。可在不同調高上發出一兩個樂音，還奏不出在一定調高上呈一定音程關係的「十二律呂」來。比之伶倫的竹笛簡單而原始，因之，又稱其為「骨哨」。

河姆渡先民製作這些骨笛作什麼用呢？

文化人類學已然揭示，在人類的童年時代，笛子往往和巫術有關。世代在帕米爾高原上生息的塔吉克人，有一種「鷹笛」，是用鷹的翅膀骨管製成的。在那裡流傳著鷹笛懲治邪惡、扶助善良的許多神話。因而，視鷹笛為「神笛」。在有些民族的口頭文學中，繪聲繪色地講述著「魔笛」的種種神奇故事。在古希臘，巫師用吹笛為人治病，哪裡患病，就在哪裡吹笛。據說笛聲能消災祛病。顯然，這是從人類童年時代沿襲下來的遺風。

河姆渡骨笛是否也同巫術有關呢？目前尚難以作出明晰的判定。不過，從其數量很多、樣式簡陋來看，似乎還難以被賦予「神笛」、「魔笛」那樣的法力，而卻與東北鄂倫春、鄂溫克族獵人用以誘捕獵物的狍哨、鹿哨的用途可能近似。河姆渡出土鹿科動物遺骨甚多，僅鹿角就有400多件，可知河姆渡人狩獵的對象主要是鹿類。那些骨笛更像是骨哨，很可能是用來模仿獸鹿鳴鳥叫的一種誘惑鳥獸的獵具。這與伶倫的竹笛可以模仿鳳凰鳴叫之音倒有幾分近似了。

因而，有的學者認為，作為樂器的笛子原本起源於模仿鹿鳴鳥叫的獵具骨哨。果真如此嗎？或許仍有待進一步研究。

骨笛蘊含著什麼數學知識？

誰又想到，山外有山，天外有天。笛子考古又有新發現。

1987 年 12 月 10 日，河南省文化廳在鄭州舉行的新聞發布會上，一

《十八學士圖》（局部）【南宋】劉松年 繪

位研究音樂的專家走上講臺，將一枚笛子舉起向與會者展示。那是一枚七孔骨笛，在靠近第七孔處還有一小小調音孔。全長 20 公分，身徑約 1.2 公分。兩端略粗，是從一端吹奏的豎笛。它不像河姆渡骨哨那麼簡陋，比之塔吉克的三孔鷹笛（音域達九度）也進步得多。它是用鷹類的骨管製作

的。其兩端略粗些，是鷹的肢骨，或許它們原也曾被稱為「鷹笛」呢！展示後，這位專家用骨笛吹奏起家喻戶曉的樂曲《小白菜》。那「小白菜，地裡黃，三兩歲，死了娘……」的笛聲，如泣如訴，淒婉動人。場上寂靜而肅穆。

曲終，新聞發布人宣布，剛才諸位先生聽到的悲曲，是在地

下埋藏了 8000 年的骨笛奏出的，也可以說大家都聽到了 8000 年前的古樂器奏出的樂曲。它的年代，經碳 -14 測定為距今 7920 年，上下誤差不超過 150 年。我們稱它「八千歲」，這沒有誇張。

這骨笛是在鄭州正南約 150 公里的舞陽縣賈湖村原始社會遺址中出土的，共出 18 件，都是以猛禽的肢骨或翅骨製成的。這麼多骨笛，若用以同時演奏伴舞，稱得上是支可觀的樂隊，其情其景，想是壯觀動人的。

舞陽骨笛，多為七孔，構造固定、製作規範。大多數音孔發音準確。稍有差異，則在音孔近側加一小小音孔，加以調整。這些骨笛的樂音，既具備五聲音階，也合於增加兩個變音的七聲音階。足見骨笛的製作者熟悉音律，製作前經過精心計算，之後又經過測音、校正。

吹笛

我們知道，振動體的長度與振動頻率有關。頻率的多少與音高相關。其間有一定的數理規律，即「律制」。制樂必須遵循律制，否則就奏不出高低有序的樂音來。舞陽骨笛的律制屬於古老的三分損益法。類似這種制律法在古希臘、古阿拉伯都曾發明。在中國，最早見載於戰國成書的文獻《管子‧地員篇》。因之，歷來中國音樂史家多認為這一制律法大約形成於春秋時代。誰也沒有想到早在 8000 年前就已在中原問世了。

依理可知，若做出合乎三分損益律的骨笛，就得在製笛實踐中實際掌握三分損益法。在今日，要瞭解這種方法，也得具有比例、分數等相應的數理知識。這不能不令人疑惑：那時中原先民究竟已掌握了怎樣的數理知識？與骨笛同出的有刻於龜

甲、骨器和石器上的頗似文字的許多符號，有的似與殷墟甲骨卜辭中的文字一脈相承，一望可識。這不禁又令人生疑：這不就是今日漢字的雛形嗎？難道黃河文化早在 8000 年前已透出一束文明的曙光？中華古老的文明史究竟有多麼古老呢？

世界上的古老樂器，當今已知的最古老的擊奏樂，是尼羅河上游非洲先民的陶鼓，距今已有 6000 年之久；最古老的絃樂器，是瑪律城歐洲先民的豎琴，距今已有 4500 年之久；而最古老的管樂器，則是這黃河中游出土的亞洲先民的骨笛了。迄今，它不但是中國管樂器的鼻祖，也是世界管樂器的一位老壽星！

編鐘

中國古代的樂器，若依演奏方法劃分可以分為三類：打擊樂、吹奏樂、彈撥樂。而鐘磬鑼鼓，即屬打擊樂。在古代樂壇上與管弦為伍時，擊奏樂以其鏗鏘有力、氣勢恢宏往往成為主旋律。這或許就是鐘、磬為什麼成為「樂壇之王」的緣故吧！這裡說說「鐘」吧！

鐘鳴能預報地震？

西漢武帝時，有一天，京都長安皇宮中未央殿前懸置的一口大鐘，無緣無故地響了起來，一直鬧了三天三夜。皇帝很奇怪，召集群臣詢問緣由。先問太史待詔王朔，朔說：鐘是銅鑄的，銅屬金，無端自鳴，是兵禍的先兆。又問博士東方朔，朔答：山將崩，鐘先鳴，這是地動的徵兆。武帝又問：當在何時？朔對：五日以內。三天過去了，南郡太守馳報，南郡地動引起山崩，廣延二十餘里。皇帝大笑，賞賜東方朔錦帛三十疋。

這故事發生在 2000 多年以前，是否有根有據，有待考證。令人驚訝的是這種現象不是絕無僅有的。1976 年，唐山大地震前夕，北京海澱區也發生了這樣一件有趣的事。一口多年的枯井，忽然夜半發出牛的叫聲。附近居民深以為怪，就到井邊去查看，井中並無任何異常。不久，唐山大地震就發生了。

地震將要發生，為何鐘鳴井叫呢？原來，地層內產生的運動，也是有「聲音」的。這種地聲經地面傳播，遇到中空的枯井、銅鐘，就產生「空穴效應」，如同有了擴大器，將微弱的地聲擴大了，人們就聽到了。

鐘井自鳴伴隨地震現象出現，人或以為怪。可先民早在幾千年乃至上萬年以前，就已利用這種「空穴效應」的聲學現象製造樂器了。最古老的「鼓」，就是中空的樹幹，以及粗竹。有趣的是，這空木、粗竹與鐘腔、井穴一樣，都有音箱的作用。至今，樂器上多置有音箱，

《雍正十二美人圖・博古幽思》

誰以為怪呢？

銅鐘起源於何時？

音樂是有力量的表達，我們的祖先相信音樂的力量，在所有重要的場合都要奏樂。無論是祈神祭祀、敬天地祖先，還是招待來使、宴請賓客，都需要奏樂，其中最重要的樂器就是鐘。鐘的聲音清脆悅耳，富有穿透力。

相傳，黃帝時代就有了鐘，鐘是黃帝臣子倕發明的，已有 5000 年的歷史。然而，這種古老的傳說是值得推敲的。

從考古學的角度看，新石器時代的樂器已發現不少，已知的有骨哨、骨笛、陶塤、陶鈴、陶鼓、陶喇叭，以及陶鐘、石磬等。這些或是實用樂器，或是模型。但是，均可視為後世構造相似樂器的祖型。

但從音樂學的角度看，那就有些不同了。比如陶鐘，或竹木質的中空器，雖都可以擊奏出聲響，而音質是難以固定的，一般也難以奏出旋律。只有歷史進入青銅時代，以青銅鑄鐘，音質才得以逐漸固定。顯然，只有銅鐘才堪稱真正的樂器。陶鐘與銅鐘，兩者有質的不同，其關係，猶如猩猩與人，最多也只能說前者是後者的遠緣祖先。

銅鐘，最早在夏代已開始鑄造。戰國時的孟子和他的學生似乎曾看到過一個夏禹時代的鐘，師生還進行了一番討論呢！近年，夏文化的探索已為中國考古學家所注意。在夏人活動的晉南豫西地帶多次發現大概相當於夏代的青銅器，如銅庸，即銅鐃。今後，隨著夏代考古工作的發展，夏鐘的發現或許也有可能呢！

目前，我們見到的銅鐘最早的是商鐘。商鐘種類很多，有用手執著敲擊的「執鐘」，也有置於木座上演奏的「鐃鐘」，還有懸置起來擊奏的「懸鐘」。懸鐘又有單懸的「特鐘」，與成組的「編鐘」。商代編鐘，早年發現的都是大小 3 枚一組。1975 年，在安陽殷墟的一座王室大墓出土的編鐘，是 5 枚一組。這是目前已知的數目最多的商代編鐘。

　　周代是青銅時代的鼎盛時期，伴隨著貴族階級「鐘鳴鼎食」的需求，編鐘的鑄造技術水準發展很快。西周中晚期，編鐘已有 8 枚一組的。春秋時，又發展為或 9 枚，或 11 枚，或 13 枚一組的。四川涪陵出土的錯金編鐘，是戰國初的遺存，已為 14 枚一套。從編鐘由少到多的軌跡看，周代的音樂有迅猛的發展。

　　先秦時，有個師曠辨音的故事，恰好可以與此相印證。故事說，晉平公（前 557－前 532 年在位）欲鑄鐘，鐘鑄成了，平公很滿意。可是，樂師師曠敲了敲，聽了聽，說鐘音不準，提出銷毀重鑄。晉平公不同意，其他人也不同意。師曠說，現在，我們不銷毀重鑄，就會貽笑後人，只好讓後人銷毀重鑄了。果然，後世有位音樂大師發現那套編鐘的音律確實不準，只好重鑄。這雖只是一例，足見當時樂師辨音之精確，態度之嚴肅認真。

　　這故事可靠嗎？可靠的。春秋編鐘，經中國民族音樂研究所的音樂考古專家黃翔鵬先生測音，認為這些古鐘音律的準確性是值得稱道的。其律制符合《管子・地員》記載的三分損益法。古人僅憑耳聽測音，經得起用現代測音儀器的驗證，是難能可貴的。

　　同時，還有更為可貴的。1960 年，河南信陽出土一套 13 枚編鐘，中央人民廣播電臺曾用這套編鐘錄製了《東方紅》樂章，金聲鏗鏘，清澈悅耳。曾有許多年，電臺天天在清晨播放這古鐘新聲，迎接中國大地的黎明！

2400 年前的華夏正音是什麼樣的？

　　後來，在涪陵出土了一套 14 枚的錯金編鐘，其數目之多，紋飾之華美，令人讚歎不已。可是，1978 年，當曾侯乙編鐘在湖北隨縣擂鼓墩戰國古墓出土之後，涪陵錯金編鐘也就小巫見大巫，自嘆天外有天了。

　　曾侯乙出生於西元前 475 年或稍晚，在西元前 463 年前後成為國王。他興趣廣泛，非常重視樂器製造與音律研究。

他生活的時代是一個諸侯爭霸、戰亂紛爭的年代。西元前 506 年，吳國進攻楚國國都郢，楚昭王逃到曾國。吳國要求曾國交出楚昭王，但是曾國不顧吳國的威脅利誘，拒絕交出楚昭王。後來，楚國在秦國的幫助下，擊退了吳國。從此，楚國與曾國結盟。後來，江漢小國基本滅於楚國，唯有小小的曾國未亡，與強楚為鄰，這與隨國救下楚昭王的歷史淵源、曾國重視禮樂文化有很大的關係。

西元前 433 年，曾侯乙去世，曾侯乙編鐘及眾多的隨葬品下葬，楚昭王之子楚惠王還專門送來鎛鐘。

曾侯乙編鐘多達 64 枚，分 3 層 8 組懸掛著。上層為鈕鐘，19 枚；中、下層為甬鐘，45 枚。另外，還配有一枚鎛，可能是用作定音的。

這套編鐘最大的鐘重 203.6 公斤，最小的鐘重 8 公斤，總重達近 2.6 公噸。連同懸掛編鐘的鐘架，共重約 4.5 公噸。這是迄今所知中國編鐘史

山東沂南北寨畫像石《樂舞百戲圖》

畫面再現了漢代樂舞表演的場景。樂隊中，有撞鐘、擊鼓、擊磬的，還有吹排簫，吹塤，鼓瑟等樂器的，八音齊全

聽古物在說話：
從飲食、娛樂到禮俗文化，原來古代生活好愜意！

上最大的一套編鐘。

　　曾侯乙編鐘上分別鑴刻有錯金篆體樂律銘文，總數 2800 餘字。鐘體上的銘文堪稱一部碩果僅存的先秦「樂學經典」，當代音樂辭書稱之為《曾侯乙編鐘銘》。

　　這些樂律銘文說明，早在春秋時代，中國不僅有七聲音階，在七個音之間還有五個完備的變音，已形成了完整的十二樂音體系。鐘銘對每個音的名稱和發音部位都有明確的記載，並對十二律的律名體系在楚、晉、周、齊、申諸國之間的異同及對應關係作了比較研究。

　　鐘銘中所使用的樂律學術語，在科學概念上表現得相當精密。這些樂律術語有 2/3 以上不見於過去已知的傳統的樂律學著作。這對研究中國先秦樂律學開拓了新的天地。

　　曾侯乙編鐘是音域最寬廣的古代樂器，從最低音到最高音，跨越了五個八度，僅比現代鋼琴音域的兩端各少一個八度。樂音的排列也與現代鋼琴相同。

　　有趣的是，這些編鐘分別敲擊每一鐘的隧部和鼓部，都能發出兩個不同的樂音，兩音相距小三度或大三度。這真是個獨特的創造。不但世界上沒有先例，就是中國的學者也僅僅是在研究了這套編鐘以後才知道先秦樂工的這一奇巧發明。

　　在曾侯乙編鐘出土以前，有些中外音樂家曾斷言中國在戰國時代尚無七聲音階，中國的十二律是戰國末年由古希臘傳來而稍稍漢化了的樂理。

曾侯乙編鐘

《雍正帝祭先農壇圖》
再現了祭祀中演奏中和韶樂的場面

甚至說，中國的旋宮轉調出現在漢代以後，甚至是隋代以後的事情，其來源也是受了西方文化的影響，等等。曾侯乙編鐘的出土與研究成果表明，這些說法都不對，中國音樂史得重新改寫，世界樂律史也得加以修訂。

曾侯乙編鐘的學術價值已為世界所公認。美國著名小提琴家梅紐因參觀了這套編鐘後說：「希臘的音樂是全世界都承認的，可是希臘的樂器是竹木的，都未能保存下來，只有中國的樂器還能夠使我們聽到 2000 多年前的聲音。」美國紐約市立音樂博士研究生院麥克‧克萊恩教授曾致函中國音樂考古學家黃翔鵬說：「曾侯乙編鐘是我精神世界的聖山。」

曾侯乙編鐘，顯現的不僅是一個國家的國力，也是一個國家的禮儀制度和文明。它不但是中國古鐘史、音樂史上的驕傲，也是中國古代史，乃至世界古代史的驕傲。

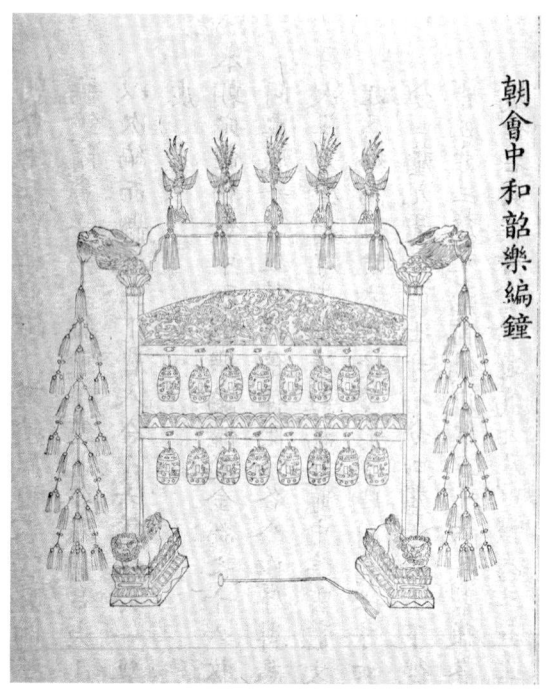

《皇朝禮器圖式‧朝會中和韶樂編鐘》

名人的皆療・潮乃

聽古物在說話：從飲食、娛樂到禮俗文化，原來古代生活好愜意！

作　　　者	郭伯南　主編
發 行 人	林敬彬
主　　　編	楊安瑜
編　　　輯	高雅婷
內頁編排	方皓承
封面設計	陳語萱
行銷經理	林子揚
行銷企劃	戴詠蕙
編輯協力	陳于雯、高家宏
出　　　版	大旗出版社
發　　　行	大都會文化事業有限公司 11051 台北市信義區基隆路一段 432 號 4 樓之 9 讀者服務專線：（02）27235216 讀者服務傳真：（02）27235220 電子郵件信箱：metro@ms21.hinet.net 網　　　址：www.metrobook.com.tw
郵政劃撥	14050529　大都會文化事業有限公司
出版日期	2023 年 11 月初版一刷
定　　　價	480 元
Ｉ Ｓ Ｂ Ｎ	978-626-7284-33-9
書　　　號	History-162

Banner Publishing, a division of Metropolitan Culture Enterprise Co., Ltd.

4F-9, Double Hero Bldg., 432, Keelung Rd., Sec. 1, Taipei 11051, Taiwan

Tel: +886-2-2723-5216　　　Fax: +886-2-2723-5220

Web-site: www.metrobook.com.tw　　　E-mail: metro@ms21.hinet.net

國家圖書館出版品預行編目（CIP）資料

聽古物在說話：從飲食、娛樂到禮俗文化，原來古代生活好
愜意！／郭伯南著 . -- 初版 . -- 臺北市：大旗出版：大都會文
化發行, 2023.11; 288 面；17×23 公分 -- (History-162)

ISBN 978-626-7284-33-9(平裝)

1. 文化史 2. 古物 3. 社會生活 4. 中國

630　　　　　　　　　　　　　　　　　　112016898